新米主任 ITIL《アイティル》使って チーム改善します!

沢渡あまね 著

C&R研究所

■ 本書について

- ●ITIL(Information Technology Infrastructure Library)はAXELOS Limitedが管理する登録商標です。
- ●その他、本書に記述されている製品名は、一般に各メーカーの商標または登録商標です。
- ●本書では™、©、®は割愛しています。
- ●本書は2015年10月現在の情報で記述されています。
- ●本書は著者・編集者が実際に調査した結果を慎重に検討し、著述・編集しています。ただし、本書の記述内容に関わる運用結果にまつわるあらゆる損害・障害につきましては、責任を負いませんのであらかじめご了承ください。

はじめに　～あなたに、チーム改善の「道しるべ」を提供します～

「チームリーダー」

ひと昔前にくらべて、その役割が着実に「重たく」なってきているなと感じます。

- 年上の部下
- 異なる部署や会社のメンバーで編成されたチーム
- 仕事に対する価値観の異なるメンバー
- 上司や部下が外国人
- 「残業はするな。でも、成果は上げろ」

年功序列の崩壊、再雇用、グローバル化、効率重視、成果主義…。リーダーは複雑な環境や課題と常に向き合わなくてはなりません。

いまこの本を手に取っているあなたは、おそらく…

❶これからチームリーダーになる人

❷チームリーダーの立場で悩んでいる人
❸チームリーダーである部下を元気づけたい管理職

あるいは、

❹職場やチームを良くしたい人

のいずれかでしょう。そして、こんな課題に頭を抱えているのではないでしょうか。

■日本の企業の現場によくある４つの課題
●「ヘトヘト」＝残業だらけで皆、疲弊している。
●「バラバラ」＝仕事のやり方が人によって違う。
●「ヒヤヒヤ」＝業務知識や技術が属人化。担当者が休んだら業務が回らない。
●「ギクシャク」＝メンバー同士、お互いに無関心。協力体制がない。

これらの課題を解決しつつ、メンバーを同じ方向に率いていくには「道しるべ」が必要です。

あなたのチームを山登りのパーティーにたとえてみましょう。「道しるべ」がなければ、自分たちがどこに向かっているかも、現在位置すらもわからない。頂上に対して遠いのか近いのか？　あなたは「先を急ぐべき」と思っていても、ほかのメンバーは「そのままゆっくり歩いていればＯＫ」って思っているかもしれない。メンバーの意識があっていない状態の山登りって…厳しいですよね。何かしらの「道しるべ」があるに越したことはありません。

本書ではあなたの「道しるべ」として「ＩＴＩＬ《アイティル》」なるものを提案します。

■ＩＴＩＬとは？

ＩＴＩＬとは、世界中の公共機関や企業で、ＩＴを使った業務やサービスの運用管理・改善に活用されている方法論（マネジメントフレームワーク）です。フルネームは「Information Technology Infrastructure Library」ですが、覚える必要はまったくありません！

このＩＴＩＬはＩＴ技術者や管理者向けの認定資格にもなっていて、本書執筆時点で世界でおよそ２００万人、日本でも約15万人が有資格者として登録されています。すなわち、ＩＴの運用の世界のグローバルデファクトスタンダード（事実上の業界標準）です。

■なぜＩＴＩＬなのか？

ここで「え、どうしてＩＴの世界のやり方を道しるべにするの？」「私の職種はＩＴまったく関係ないんですけれど…」と思われたかもしれません。

まずご安心ください。本書でITの講釈をするつもりはありません。また、本書を読み進める上でITの知識は一切、必要ありません。

では、なぜITILをあなたのチームの課題解決のためにオススメするのか？

理由はただ1つ。管理・改善手法としてITILはとても優れているからです。


考えてみてください。いまや私たちの生活はITなしには考えられません。水道、電気などのエネルギー、金融、物流、航空、さらには農業や漁業まであらゆるものがITに支えられています。ITのおかげで、私たちは当たり前のモノを、当たり前のように使うことができています。そんな日々の生活基盤を支えているIT運用の方法論が、素晴らしくないわけがない！

■本書ではITILの4つのプロセスに着目！

前作『新人ガールITIL使って業務プロセス改善します！』ではITILのおよそ20のプロセスをほぼすべて網羅し、ITILそのものの解説を、およびITILの考え方を使った業務プロセス改善の考え方についてお話ししました。今回はそのうちたったの4つだけ！　先の4つの課題を解決し、あなたのチーム改善に効き目のある管理プロセスのみ選びました。

- サービスレベル管理
- インシデント管理
- 問題管理
- ナレッジ管理

■サービスレベル管理――日ごろ、何をどこまで頑張ればいいですか？

業務の運営者が、業務の品質目標・スピード・生産性目標・前提条件などを享受者（顧客など）と合意し維持改善するための管理プロセス。

■インシデント管理――そのトラブル、とりあえずナントカします！

「トラブル」「クレーム」「無茶な要望」など、業務の円滑な運営を阻害するものごと（インシデント）に迅速に対応し、業務の中断を最小限に抑えるための管理プロセス。

■問題管理――この悲劇、二度と起こすまい…

「インシデント」の原因を特定し、根本解決と再発防止をするための管理プロセス。

■ナレッジ管理――みんなの知識、みんなで使おうよ！
個人が得た業務上の知識・ノウハウ・トラブル対応の仕方などを、運営者全員で共有～活用するための管理プロセス。

この4つは、現場のゴタゴタを解決しつつチームの結束を向上させるのに役立ちます。

ＩＴＩＬはすべてのプロセスを組織に完璧に取り入れることを要求していません。あなたの会社は、すでに何らかの管理・改善手法を取り入れていることでしょう。足りないものだけを「つまみぐい」し、自組織の課題解決そしてチーム力強化に役立ててください。

えっ!?　「ＩＴＩＬなんて見たことも聞いたこともない」「前作を読んでいない」ですか？

ご心配なく。本書はものがたりが中心。ＩＴＩＬを知

◉本書で扱う4つのプロセスの概要

らなくても（前作を読んでいなくても）大丈夫です。今回も、主人公の友原京子と一緒にＩＴ運用の世界の管理・改善手法を使った課題解決を体感いただきます。「ヘトヘト」「バラバラ」「ヒヤヒヤ」「ギクシャク」のチームが生まれ変わる様《さま》をじっくりご覧ください。ＩＴＩＬをすでによくご存知の方も、「こんな使い方があるんだ」「意外な効果があるんだ」と新たな価値を見つけていただけたら嬉しいです。

悩めるチームリーダーを助けたい。ストレスだらけの悲しい職場を少しでも減らしたい…そんな思いで本書を執筆しました。

さあ、いよいよ京子との「チーム改善」の旅が始まります！

◉本書で扱う4つのプロセスの位置づけ

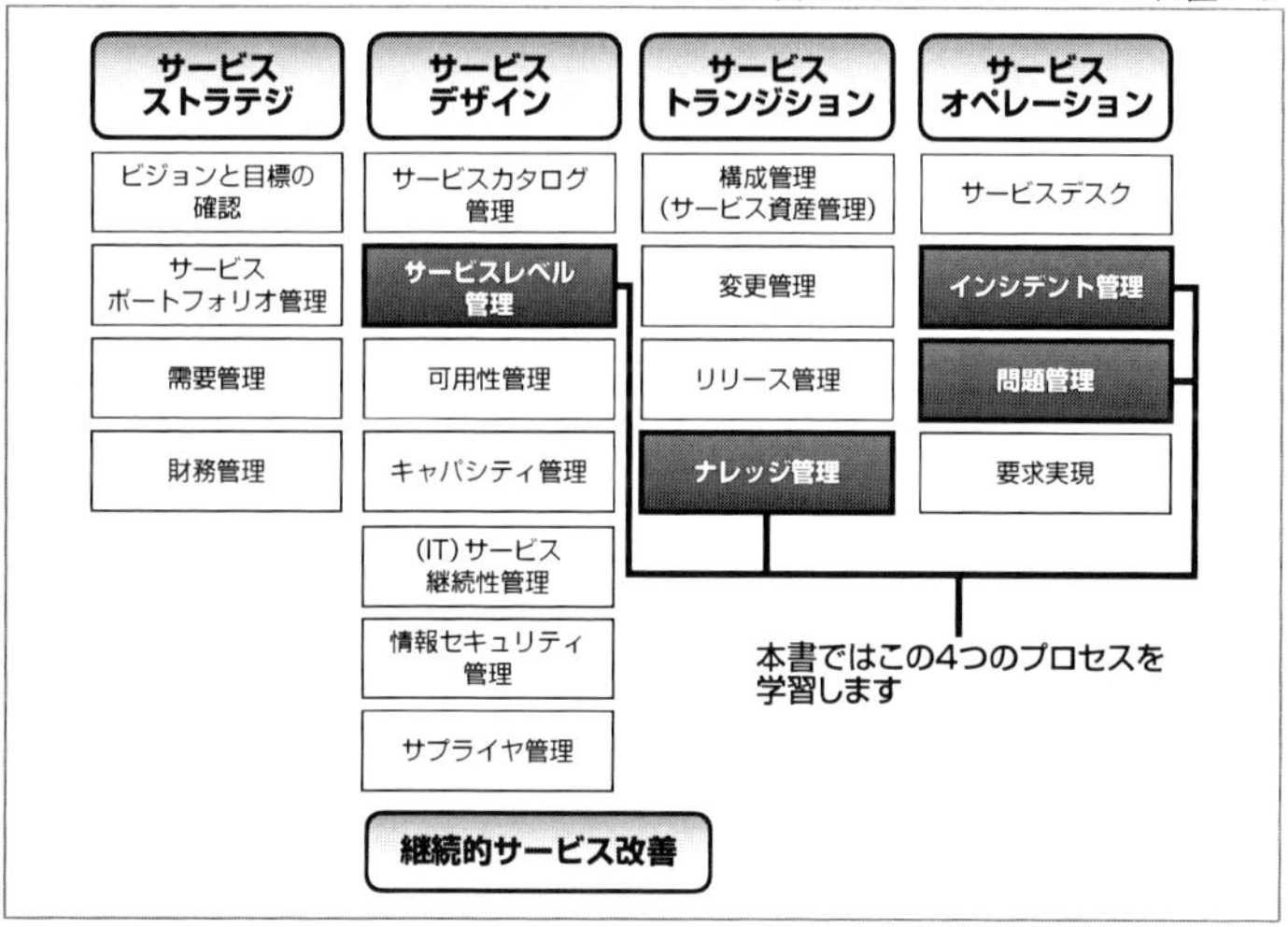

※全プロセスを学習されたい方は『新人ガール ITIL使って業務プロセス改善します!』（シーアンドアール研究所刊）をお読みください。

登場人物紹介

■友原《ともはら》 京子《きょうこ》(25歳)

「ものがたり」の主人公。中堅化粧品会社、株式会社ルミパルの入社4年目社員。主任に昇格して購買部から通信販売部に異動。仕事のやり方はめちゃくちゃ、お客様からのクレームの嵐、残業だらけ、メンバーは互いに無関心…。そんな問題だらけのチームのリーダーに着任してしまった。

■山中《やまなか》 麻衣香《まいか》(22歳)

株式会社ルミパル 通信販売部に勤務。この春入社したばかりの新入社員。ほんわかしているがとても素直で前向きで真面目な娘。ルミパルの化粧品に憧れ、夢を持って入社した。埼玉県秩父市出身。

■二葉《ふたば》 ひなた(5歳)

東京・大田区、多摩川沿いの静かな町に住む女の子。父、二葉和浩《かずひろ》からの通信販売部への電話がきっかけとなり、京子と出会う。幼稚園の年長さん。

■都築《つづき》 弘樹《ひろき》(40歳)

株式会社ルミパル 通信販売部の課長で京子の上司。放任主義で仕事は部下任せ。国内マーケティング部を兼務。兼務先の仕事が忙しいらしく(?)、通信販売部の席にはほとんどいない。飲み会やゴルフで忙しいというウワサも…。

■峰森《みねもり》 徹平《てっぺい》(33歳)
株式会社ルミパル 通信販売部 課長代理。本来、着任したばかりの京子のトレーナーであるはずなのだが…。

■松川《まつかわ》 拓郎《たくろう》(25歳)
株式会社ルミパル 通信販売部に勤務。通称「オタクの拓」。大学院卒の入社2年目。ネットサーフィンばかりしていて、仕事へのやる気がまったく感じられない問題社員。戦隊モノとアニメが大好き。

■塙《はなわ》 清美《きよみ》(43歳)
株式会社ルミパル 通信販売部の社員。通信販売の電話対応のオペレーター。何かと派遣社員の千早とつるんで、不平不満をあらわにする。どんなに忙しくても定時キッカリに退社する。

■広町《ひろまち》 千早《ちはや》(45歳)
株式会社ルミパル 通信販売部に勤務する派遣社員。愛想よく世話好きな反面、仕事に対する責任感が薄く、ミスも多い。トラブルがあると他人のせいにして和を乱すことも。

■大井《おおい》 宏一郎《こういちろう》(29歳)
株式会社ルミパルの情報システム部に勤務する、8年目社員。2年前、京子に課題解決・業務プロセス改善手法である「ITIL」を教えてくれた。現在は、インド・ムンバイの業務委託先に赴任中である。

CONTENTS

CONTENTS

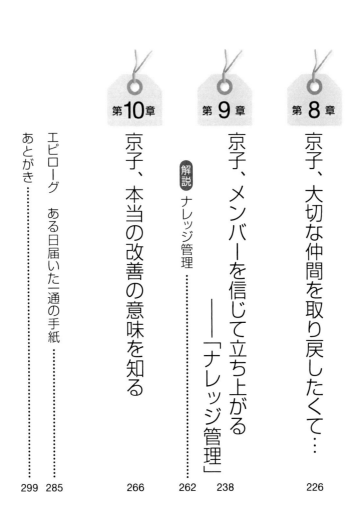

『定義できないものは、管理できない。管理できないものは、測定できない。測定できないものは、改善できない』

——W・エドワーズ・デミング

プロローグ　友原主任、今度は通信販売部に異動です

「こ、今度は通信販売部に？　わ、私がですか？」

変化はいつも突然やってくる。京子が異動の内示を受けたのは、ゴールデンウィークが明けた直後、初夏の風そよぐ5月2週目のことだった。

「あの…私、購買部にいられないような、なんかまずいことしちゃいましたかね？」

夕暮れ時の応接室。京子は、内示を告げた上司の坂野《さかの》に恐る恐る理由を尋ねてみた。

「大丈夫。そういうんじゃない。友原さんは購買部でひと一倍頑張って、成果も出してくれたよ。同期の中でもいち早く主任に昇格したのが何よりの証拠じゃないか」

坂野はいつもの紳士的な笑顔で返した。今日は目も笑っている。信じてよさそうだ。

友原京子《ともはらきょうこ》。中堅化粧品会社「ルミパル」の購買部に勤める4年目社員。購買部とは、会社が生産・販売する商品や販促物、さらには会社そのものの運営に必要な物品やサービスを調達する「会社のお買い物」部署である。京子が入社した当時、購買部は単なる発注事務処理部隊。社員のモチベーションも低く、社内での存在感も薄かった。しかし京子が業務プロセス改善リーダーを任され、旗振りをしてから生まれ変わった。いまではコスト管理の要部門として

皆、プロ意識を持って仕事している。他部門からの信頼も厚い。

その成果が認められたのかどうかはわからないが、京子はこの4月に主任に昇格した。そんな矢先のいきなりの異動内示。京子は困惑した。

「購買部を価値ある部門に変えてくれた手腕を期待して、とのことだ。本当言うと、購買部長も僕も友原さんを手放したくなかったんだけれど…上がどうしてももってね」

人差し指を上に向ける坂野。京子もつられて上を見る。あ、この応接室の天井ってこんな模様してたんだ。どうでもいいけれど。

「友原さんはずっとスタッフ部門だったし、事業部門での経験はプラスになると思うよ」

通信販売部…か。京子は心の中でつぶやいた。正直嫌ではなかった。もともとマーケティングや販売などの前線部署で働きたいと思っていたし、それはいまも変わらない。神のいたずらで(?)、なぜか購買部に配属になっちゃったけど。嫌どころか、じわじわ嬉しさが込み上げてきた。通信販売部なんて、華やかそうじゃない！　いよいよ花形部署に異動できるんだ！

「あのぅ…ところで、通信販売部ってどこにあるんですか？」

一通りの説明が終わり、坂野が立ち上がろうとしかけたところで聞いてみた。

「あ、通信販売部の場所？　この建物の斜め向かいの、別館ですよ」

坂野は応接室の窓の外、斜め下を指差した。通りに並ぶ、イチョウの樹々が風に揺れる。

「あ、ここ(本社ビル)じゃなくて、離れなんですね…。ちょっと残念…」

大切なのは場所じゃない。そこで何をするかよ！　京子はすぐに気持ちを切り替えた。

着任日は6月1日と伝えられた。残りの3週間は引継ぎに追われ、矢のごとく過ぎ去っていった。寂しさ半分ワクワク半分。そして迎えた5月の最終日。異動先の要望で、着任より1日早く歓迎会をするから夜の時間を空けておいてくれと言われた。なんでも5月末付けで退社する人がいて、その人の送別会と京子の歓迎会を兼ねたいとの意向だ。購買部では昨日盛大な送別会をしてもらった。連日の飲み会で体はだるいが、大丈夫。若いんだから、私！

購買部での挨拶周りを終え、門を出たときには7時を過ぎていた。カラスの声が京子をちょっぴりセンチな気持ちにさせる。

「さよなら、わが愛しの購買部！」

京子はくるりと振り向き建物に深くお辞儀をすると、花束を抱えて駅へと足を速めた。

駅前の居酒屋「黒うさぎ」。ルミパル社員が歓送迎会などでよく使う馴染みのお店だ。ガラス戸の向こうに、明日からの仲間たちらしき数人の人影が見える。

「すみません！　遅くなりました、友原です！」

引き戸を開けると、背の高い男性が爽やかな笑顔で京子を迎えた。40ちょい過ぎくらいだろうか？　ミディアムショートの髪型でノーネクタイ。紺のスーツを着ていた。ゴルフ焼けかな？　顔はうっすら日焼けしている。

「おお、友原さんね。待っていたよ！　課長の都築《つづき》です。あ、荷物はそこに置くといいよ。さ、どうぞどうぞ。みんな、主賓が到着したぞ！　明日から仲間になる友原主任だ」

都築の軽やかな先導で、京子は狭い店の奥に通された。先客は都築を入れて全部で5人。「待っていました！」「ようこそ！」拍手がおこり、京子は壁際の主賓席にちょこんと腰掛けた。間もなく、白くて小柄な女の子がさささっと駆け寄ってきた。

「友原さん、はじめまして。わたし、今年の新入社員で山中麻衣香《やまなかまいか》って言います。明日からよろしくお願いしますね！」

麻衣香は首をひょこっと横に傾け、両手で京子におしぼりを差し出した。

「麻衣香ちゃんね。よろしく！　あ、京子で

いいよ」

おしぼりを受け取りながら、にこっとする京子。

「はい、京子さん！」

屈託のない笑顔で返す麻衣香。か、かわいい。こんなかわいい子が明日から私の部下になるって考えただけで、初日からテンション上がる！　…そういえば、今までは「業務改善リーダー」って呼ばれてはいたものの、部下なんていなかったものね。彼女が私の初めての部下になるんだ…頑張ろうっ！　京子の胸が高鳴る。

「じゃあ、とりあえず友原さんに自己紹介してもらって、それから改めて乾杯を…」

都築の号令で、輪が一つになった。

「仕事の詳しい話は明日にして、今日は楽しく飲み食いしておしゃべりしてください」

自己紹介と乾杯、それから都築の短いコメントが終わると、皆それぞれおしゃべりに興じた。京子の隣には細身の中年女性がやってきた。

「あら〜、京子ちゃんて言うの？　はじめまして！　こんなかわいらしい子が来てくれるなんて嬉しいわー。あ、私、広町《ひろまち》千早《ちはや》って言います。2年前から派遣でココでお世話になっていて、通信販売の電話対応と庶務をやっています。あ、京子ちゃん、野菜を食べなさいね…。せっかくキレイなお肌しているんだから。嫌いな野菜、ないわよね？　じゃあほら、どかっと…」

おしゃべりしながら、シーザーサラダを京子の皿に手早く取り分ける千早。京子はそのマルチっぷりに驚きつつ、千早の話をとにかく聞く。

「…で、京子ちゃん彼氏いるの？　…ええっ、もったいない！　京子ちゃん、いまいくつ？　あ、25なのね。30前にいい男みつけないとダメよ～」

圧倒されっぱなしだった。が、この手のおば様対応は、埼玉の親戚で慣れている。京子は愛想笑いと相づちで千早のマシンガントークをかわした。

正面に座った都築は、片手でビールのジョッキをおさえながら、もう片方の手でスマートフォンをいじっている。仕事のメールを熱心に見ているのか、はたまた千早の攻撃をかわすためのカムフラージュなのか、傍目にはわからない。とにかく忙しそうだ。

「あー、毎度どうもー」

千早がトイレに立ったのと入れ替わりに、小太り眼鏡の若い男性がやってきた。そういえば、通信販売部には大学院卒のオタクっぽい2年目の男子がいるって同期が言ってたっけ。さっそく出たな、オタク男子！　京子はとっさに身構えた…あ、もちろん心の中でね。

「ま、松川拓郎《まつかわたくろう》です。ハイ。主に、ぎ、技術を担当しています。ままま、一杯…」

拓郎は息を切らしながら、京子のグラスにビールを注いだ。クセはありそうだが、悪い人ではなさそうだ。

「いやいやいや、友原さんの噂は聞いていますよー」

…って、どんなウワサ？　私もあなたの噂は聞いているからおあいこね。拓郎は続けた。

「ダメダメな購買部を立て直したって、評判ですよ。いや、本当に凄い。あのダメダメなね…」

2回繰り返さなくてよろしい！　ああ、でも変な噂じゃなくてよかった。って、私、変な噂が立つようなことはしていません！　応接室の戸棚のモナカを盗み食いした程度。

「で、通信販売部も良くしてくれるんですよね。主任さんのお手並み拝見といきましょうか」

偉そうなヤツ！　でも、いろいろと情報を持っていそうね。

「ところで、新入社員の山中さん。出身大学どこだと思います？　なんと、上智なんですよ」

ウーロン茶をがぶがぶ飲みながら、拓郎が語りかける。

「え、上智ってあの上智⁉　す、すごい…なんでわざわざウチに…？」

京子はつまみかけた唐揚げを箸から落っことしそうになった。うちの会社にもそんな優秀な子が入ってくるようになったんだ。いよいよ頑張らなくちゃ。

その麻衣香は、トイレから戻ってきた千早の餌食になっていた。千早の壮絶なツッコミに、時折困った笑顔を浮かべている。その様子を京子は遠目に見つめた。

不意に、スマートフォンをいじっていた都築が顔を上げた。

「そうそう。あともう1人、塙《はなわ》さんって女性がいるんだけれど、明日からお子さんが修学旅行で準備しなければってんで、今日は欠席です。ま、明日、直接本人といろいろ話してみてよ」

それだけ言うと、都築は再びスマートフォンの画面に目を落とした。

「あの人、何かと理由つけて飲み会来ないっすよねぇ～」

拓郎がボソッとつぶやく。都築は聞こえないフリをした。どうやら、都築はあまり拓郎とは会話したくないようだ。

そのとき、京子は左隣の女性と目が合った。今日のもう1人の主賓、正源司道子《しょうげんじみちこ》だ。今日限りでルミパルを退職する。お互いにこりと会釈した。ロングヘアーが美しい、物静かそうな女性だ。歳は40代半ばかな？　おそらく千早と同じくらいだろう。道子は、電機メーカーに勤める旦那さんの転勤を機に退職を決意。7月からはマレーシアで暮らすとのことだ。

「通信販売部は、残業も多いしいろいろ大変なことも多いと思うけれど、いいお客さんにも恵まれている部署ですよ。お客さんとの対話を何より大切にして、頑張ってくださいね」

道子はおっとりと話した。こういう素敵なオトナの女性になりたい。京子は思った。

時計の針はすでに10時を回っていた。そろそろお開きの時間だ。都築の仕切りで、最後に道子から挨拶の言葉をもらい、麻衣香がはにかんだ笑顔で大きな花束を渡した。

「いやぁぁぁ～、正源司さん抜けちゃうのかぁ。こりゃ、明日からが大変ですよ～」

拓郎が他人事のような口調でつぶやいた。その言葉は、新たな職場での希望に満ちた京子には響かなかった。しかし、後日、京子はその意味を痛いほど知ることになる。

変わった人もいるけれど、よさそうな部署じゃない。何より、私はこれから主任としてチームを引っ張っていくのよ。ほろ酔いながら、京子は身も心も引き締まるのを感じた。

「さあ、明日から新しい職場で頑張るぞ！」

アパートへの帰り道、京子は薄曇の夜空を見上げて大きく深呼吸をした。

◉通信販売部の位置づけ

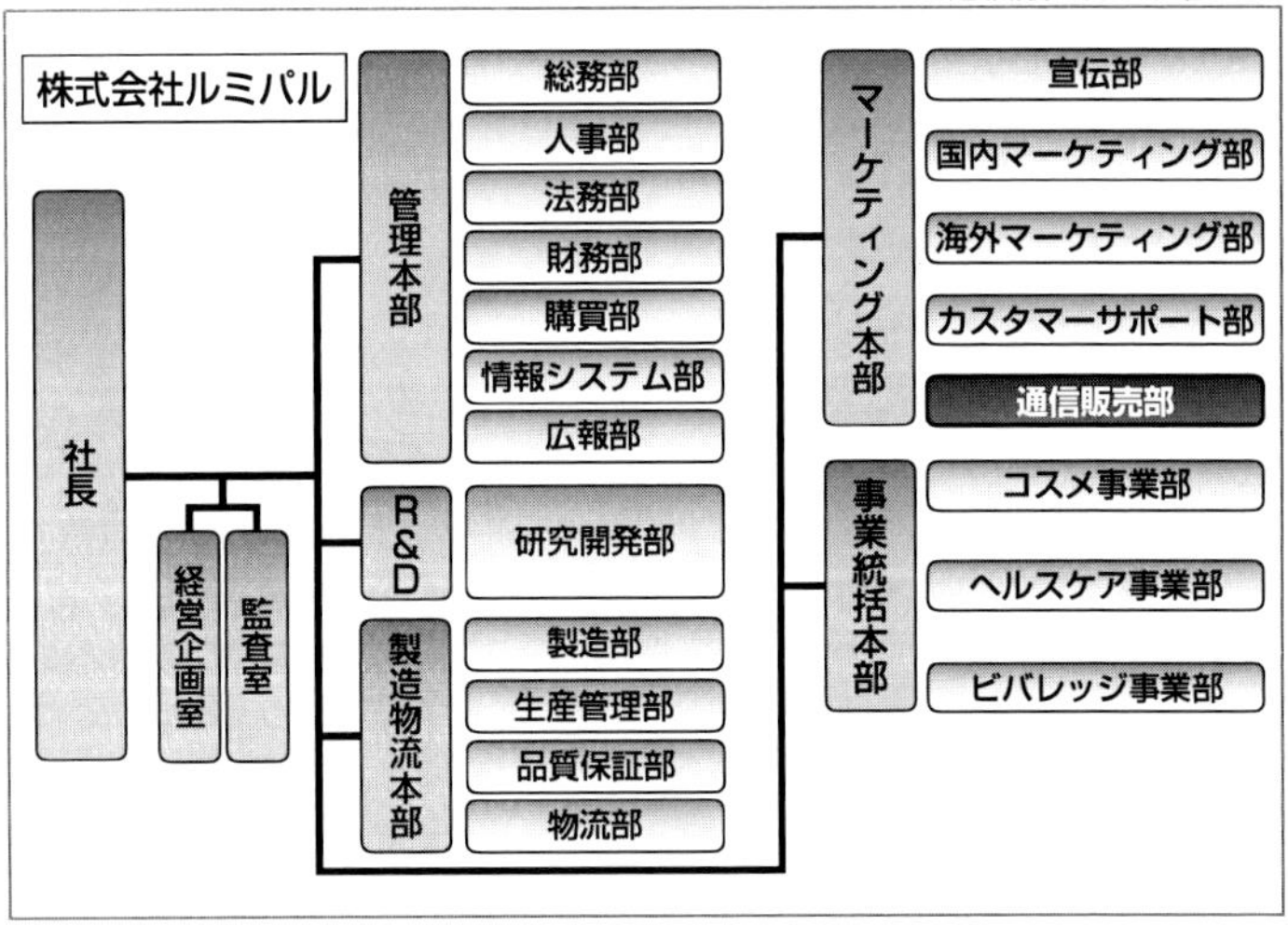

第1章　京子の落胆…そこは、期待はずれのハチャメチャ部署だった

6月1日水曜日。梅雨の足音はまだ遠く、この日も朝からいい天気だった。新しい職場への初出社。京子はいつもより早めに家を出て、いつもの本社ビルのはす向かいの別館のドアを開けた。ふと後ろを振り返り、購買部のフロアを見上げる。昨日までの同僚や先輩の姿がちらほら見え隠れした。見慣れた景色が、まるで異空間に見える。もっとも、この位置から購買部を眺めたことなんてなかったけれど。

築30年はゆうに超えているであろう、4階建ての古びた小さなビル。1階は管理人室と配送センターで、2階は倉庫として使われていた。かつて、いらなくなった古い複合機をここに運び込んだことがあったっけ。床に置くときにひざを思い切りぶつけて青あざを作ったので、よく覚えている。通信販売部はそのワンフロア上、3階にあった。京子は階段を駆け上がり、鉄の扉のドアノブに手をかけた。

よし、一番乗り！　…と思ったら誰かいた。肩透かし。制服を着た女性がデスクからこっちを見た。この人が、昨日、都築課長が言っていた塙さんなのだろうか？

「は、はじめまして。今日からお世話になる、友原京子です。昨日まで購買部にいました。よろしくお願いします！」

若干、声が上ずる京子。

「おはようございます。塙清美《はなわきよみ》です。昨日は歓迎会に行けなくてごめんなさいね」

制服の女性はすっと立ち上がり、申し訳なさそうな顔をした。やはりこの人が塙さんだ。濃紺の制服に薄いピンクのブラウス。その昔、ルミパルが社員を総合職と一般職(主に事務職の女性)の2種類に分けて採用していたときの名残で、いまでも一般職での入社時に配られた制服を着ている女性がたまにいる。ということは、清美さんもまた40過ぎか。

「派遣の千早さんや新人の麻衣香ちゃん、それに向こうの島のルミオペの皆さんと一緒に、お客さんの電話対応をしています」

清美はすぐ後ろの島を指差しながら、自分の業務をはきはきと説明した。

フロアは思った以上に広かった。リフォームをしたばかりなのか、白くてピカピカな壁が、窓から差し込む朝陽を受けてほんのりと光る。その壁に掛かった時計が、せわしく始業前の時を刻んでいた。

部屋の真ん中に大きなデスクが鎮座。低いパーティションで区切られ、8脚椅子が並んでいる。そこに清美はいた。ここが社員と派遣社員の島のようだ。その後ろが、清美が指をさしたルミオペの島。ルミオペとは関連会社「ルミパルオペレーションサービス」の略。ルミパルの事務作業やお客様対応などを専門に請け負う業務委託先だ。京子も名前だけは聞いたことがあった。ここ通信販売部では、お客様からの電話対応をルミオペにも委託している。社員だけでは到底まかないきれないのだろう。ルミオペの島には椅子は4脚あったが、2席の机の上はガランとしていた。2名常駐の体制で回しているらしい。

この部屋の窓からもイチョウの樹が見える。埼玉の郊外で生まれ育った京子は緑が大好きだ。この樹は、そんな京子を入社以来癒し、励まし続けてくれた。いつものイチョウも角度が変わるととても新鮮に映る。今日からまたよろしくね。京子は心でメッセージを送る。

まずは全員の名前を覚えなくちゃ。壁の「行動予定表」のホワイトボードを眺める。

一番上は「都築課長」。横には「部課長会議　戻り10：30」の走り書きが。その下に「峰森《みねもり》代理」とある。…ん？　峰森さんって誰？　昨日の飲み会にも来ていなかったし、都築からも何の話も聞いていない。予定欄は空欄だ。まあいいや。その次が「友原主任」。あ、私のことね。自分の名前が印刷されたラベルは、他の人とフォントが違う。自分が新入りであることをよく物語っていた。以下、「塙　清美」「松川　拓郎」「山中　麻衣香」「広町　千早（派遣）」と続く。その少し下に、行き場を失った「正源司　道子」のラベルが、はがされるのを寂しそうに待っていた。

なるほど、この7名とルミオペの2名がこのフロアのフルメンバーね。京子がふむふむとうなずいていると後ろのドアがバタンと開き、麻衣香が、続いて千早、そしてルミオペの人と思われる2名の女性が出社してきた。

鐘が鳴り、京子は自分の席に着いた。新しい職場、新しい席、新しい仲間…目に見えるものすべてが輝いて見えた。そんな新鮮な気持ちで、自分のパソコンのセットアップをしていると、麻衣香がひょっこりとやってきた。

「京子さん。改めまして、今日からよろしくお願いします。何か困ったことがあったら言ってくださいね！」

ふんわりと話しかける麻衣香。文化系のインドアな女子大生がそのまま社会人になっちゃいました！って雰囲気の子だ。

「ありがとう。麻衣香ちゃんは、お仕事楽しい？」

「はい。わたし、ルミパルに入りたくて入りたくて仕方なかったんです。なので、まだわからないことだらけだけれど毎日楽しくお仕事しています。何より、やっと若い女性の先輩が来てくれたのが、わたしとても嬉しいんです！」

しいっ！　清美さんと千早さんがいる前で、それ言っちゃダメ！　京子はとっさに人差し指を麻衣香の口に当てた。麻衣香はきょとんとしている。幸い2人はおしゃべりに興じていて聞こえなかったようだ。セーフ！　それにしても、なんて無邪気な子なんだろう。

「ところで、松川くんってどうしたのかな？　まだ来ていないみたいだけれど…」

美少女フィギュアや戦隊モノのプラモデルがにぎやかな机をちら見しながら尋ねる。

「ああ、今日はきっと午前中は来ないんじゃないですかね。松川さん、飲み会の翌日はいつもこうなんですよ。朝起きられないみたいです」

さも日常といった様子で、さらりと答える麻衣香。

なるほど…。よくある話だ。都築さんはこの状況をずっと放置しているのかしら？

「そうそう、松川さんって同期の間でなんて呼ばれているか知っています？　『オタクの拓』って言われているんですって。うふふ、うまいですよね！」

麻衣香は屈託ない笑顔でくすりと笑った。ははは。オタクの拓…ねぇ。京子は苦笑いした。

のんびりした職場も、10時を回るとたんに忙しくなった。お客様からの電話受付の開始時間になったためだ、各自机の上の電話機の留守電機能の解除ボタンを押して入電に備える。

プルルルルルル。1件、そしてまた1件、電話が音を立てる。

「お待たせいたしました、ルミパル通信販売部でございます…」

今まで世間話で盛り上がってた清美も千早も、よそ行きの声に着替えて応対する。この変わり身の早さ、さすがプロね。麻衣香も、受話器を片手にメモを取りながら一生懸命だ。

京子はパソコンの初期設定をしつつその様子を眺めた。私はついに花形の事業部門に来たんだ。感動をかみ締める京子。そのとき、課長の都築が席に戻ってきた。

「いやー、悪いね。本社ビルで朝イチから会議だったんで。そうそう、友ちゃんに業務説明をしなきゃね。そこの会議室に行こうか」

どうやら私は「友ちゃん」らしい。そう呼ばれるのは、おそらく大学のとき以来だ。中には「トモトモ」って呼ぶ人もいたけれど。

会議室はフロアの一番奥にあった。ここなら電話の音や話し声も聞こえてこない。その一室には大きなホワイトボードが2つと、ロの字型に組まれた机にパイプ椅子がずらっと並んでいた。部屋の隅には、いったい何年前からここにあるんだろう？　色あせたセクハラ防止のポスターが剥がれかかっていた。

都築と京子は、入口に近いところで斜めに向かい合った。

「改めまして、ようこそ通信販売部へ！　職場の雰囲気も、仕事の進め方もだいぶ違うと思うし、戸惑うことも多いと思うけれど、まあ若い友ちゃんなら大丈夫でしょう」

紳士さとざっくばらんさを兼ね備えた人。京子は新しい上司にそんな印象を持った。

「よろしくお願いします。早速ですが、ここのお仕事ってどんな内容なのでしょうか？」

京子はノートを開き、メモを取る準備をする。若草色の表紙がこの季節によく似合う。

「うん。大きく2つあってね…」

都築の説明はこうだ。1つは、お客様からの電話受け、注文受け。いわゆるテレフォンオペレーターとしての役割。通販カタログや新聞の折り込みチラシ、たまにローカル局やケーブルテレビでの通販番組、それからラジオCMなどが契機となる。どの時期に、どんなPRを打つかはほぼ宣伝部の意向で決まるらしい。媒体の特性柄、通信販売のお客さんは30代後半から中高年が多いらしい。たまに高校生や大学生がかけてくることもあるようだが、レアケース。電話で注文を受けたら、各自受注管理システムに登録し、1階の配送センターに発送指示をかける。これが一連の流れ。2つ目はいわゆるクレーム対応。通販で販売した商品に対するお客さんからの苦情、要望、問い合わせなどを受け答えする。

ルミパルにはお客様対応を専門とした「カスタマーサポート部」が別に存在する。なぜそこがクレーム対応をしないのか京子は不思議に思った。彼らは店舗で販売した商品しか対応しないらしい。数年前、前任の課長がお客様対応窓口をカスタマーサポート部に一本化するよう提案したらしいのだが、カスタマーサポート部から猛反発にあい、いまに至る。お客さんのわかりやすさよりも、社内政治が優先するのか…。

「知ってのとおり、ウチ（ルミパル）は主に百貨店や駅ナカの『ルミパルショップ』を中心とした店舗販売が主力。で、10年前に細々とはじめたのが通信販売事業なんだよね。店舗販売を立てつつ、この人数で回せる範囲で回している。それが実態かな」

京子は少し表情を暗くした。ひょっとしたら、ここは京子が想像していたような花形な部署ではないのかもしれない。

「インターネット通販はやらないんですか？　競合他社は力を入れていますよね？」

京子は率直に聞いてみた。

「うーん。そういう話は聞かないね。まあ、いつかはやらなきゃなんだろうけれど」

他人事のように答える都築。あまり興味がないのだろう。

「あ、それともう1つ…」

都築は、手元の紙コップに入ったコーヒーを一口すすってから続けた。

「これは主任としてお願いしたいことなんだけれど、友ちゃんにはオペレーション全体の管理をやってもらいたいんだよね。年数長い人もいるんだけれど、結構みんな思い思いのやり方で仕事をしていて残業も多いし、お客さんからのクレームも減らない。電話対応は下やルミオペの2人にやってもらえばいいから友ちゃんは現場のマネジメントをしてください」

それは課長、あなたの役割りなのでは？という表情を浮かべる京子。それを悟ったらしい都築は、先手を打った。

「あ、『なんで私が？』って顔したな！　まあ、その気持ちはよーくわかるよ。実は、僕はここだけじゃなくて国内マーケティング部も兼任していてね。正直、国内マーケの仕事が忙しくてなかなかこっちに構っていられないんだよ」

都築は会議室の外、本社ビルの方向をひょいと指さした。ううむ、そういう事情があるのね…。京子は理解した。

都築の話を聞きながら、手元のノートにこんなメモを書いた。

①残業が多い
②お客様からのクレームが減らない　←　思い思いのやり方で仕事をしている

メモを取り終えてペンを置く。京子の不安な気持ちが頭をもたげた。課長はほぼ不在、しかも生まれてはじめての事業部門で業務のマネジメントしろなんて言われたところで、この私が果たしてできるのだろうか？

不安ついでに、朝から気になっていたことを都築さんに聞いてみよう。

「そういえば、私のトレーナーと言いましょうか…私は誰の指示を仰げばいいのでしょう？たぶん、課長代理の指示を受けながら仕事を進めることになると思うのですけれど…」

京子は敢えて峰森という個人名は出さなかった。

「ああ、そうか。課長代理ね。…そうだね、峰森くんのことは、あなたにも知っておいてもらわないといけないね」

都築は顔を曇らせた。

「実は峰森くんのことなんだけれど…その、3月から会社に来ていないんだ。『来られなくなっちゃった』って言ったほうが正しいかな…」

京子の反応をちらちらとうかがいながら話す都築。なるほど、そういうことか…。ある意味、予想どおりの回答だったので驚かない。

「購買部さんにはそういう人、いなかった？」

京子はゆっくりと首を横に振った。

「そうか。まあ、一時期キャンペーン商品に不備があってクレームが多発して残業も極端に多かったしね。それに、ここクセのある人が多いから。真面目なヤツだし、ストレス溜め込み過ぎちゃったんだろうなぁ…。僕が定期的に顔を見に行ってフォローはしているけれど、復帰するまでには時間がかかりそうだ。友ちゃんも、ストレス溜め込み過ぎないようにね」

はいと返事をする京子。課長代理にも頼れず…か。とにかく自分ひとりでなんとかしなければならなそうだ。京子は覚悟を決めた。あ、もう1つ聞いておきたいことがある。

「松川くんって、どういう役割なんですか？　技術担当だと聞きましたが」

「あ、拓郎？　あいつそんなこと言ってたの？　技術担当にした覚えはないんだけれどな…。本人は勝手にそう思っているみたいだけれど」

きょとんとする京子に、都築は説明を続ける。

「拓郎は入社当初から情報システム部に行きたがっているんだよ。ところがあちらさんに空きがなくてね。で、なぜかウチに回ってきたってワケ」

あからさまに厄介そうな言い方をする都築。

「そうはいっても、優秀な院卒の社員だからさ。通信販売部のオペレーション全体の管理を任せたつもりだったんだよね。まあ、あいつあーいうタイプだからお客さん対応は向いていないし。でも、管理にも向いていないのかな。まあ、本人の希望どおり時期を見て情報システム部門に卒業させてあげる。それが幸せなんだろう。きっと」

そもそも都築は拓郎のことにまったく関心がなさそうだ。どう見てもアウトドア派の都築と、どう逆立ちして見てもインドアな拓郎。相容れるわけがない。それは、昨日の飲み会の様子を見ても一目瞭然だった。

「そういうわけで、全体管理をしてくれる人がいま誰もいない。そこで購買部で手腕を発揮したと評判の友ちゃんに来てもらったってワケ。そういうことだから、任せたよ！」

都築は右手をチョップするポーズでバシッと挙げると、そろそろお昼だなといいながら会議室を出て行った。

「この部署、本当に大丈夫かなぁ…」

京子は真っ白なホワイトボードを見つめて、ため息をついた。

自席に戻って一呼吸入れる。もうすぐ昼休みだ。そこへ、扉がガチャっと空く音がして小太りの若者がドタドタ走ってきた。足音の主は言うまでもない。

「あああ、もうこんな時間ですかぁ。いやー、昨日は飲み過ぎちゃったなぁ。あいたたた。二日酔いだなこりゃ」

片手で大げさに頭を抱えながら滑り込む。誰も彼の演説に耳を傾けようとはしない。その見え透いたアクションこそが、あいたたただ。

第一、飲み過ぎたなんて言うけれどあなた昨日ウーロン茶しか飲んでいなかったじゃないの！　でも、ここで突っ込んだら負けよ…京子はそう自分に言い聞かせて心を落ち着けた。

まもなく、12時を知らせるチャイムが鳴る。

清美と千早はお弁当箱が入っているとおぼしき巾着をひっさげ、おしゃべりしながら出て行った。

「おおお。さてさて、お待ちかねのお昼の時間ですよー」

拓郎もぼそぼそ言いながらフロアを去る。ってあなたまだ出社したばかりでしょ！　そんでもって、二日酔い（そんなはずはないんだけれど）で頭が痛くても、食べるものはきちんと食べるんだ。へぇ～。去り行く小太り男子に冷ややかな目線を送る京子。

「京子さん、一緒に食堂に行きませんか？」

そこへ、麻衣香がにこにこしながらやってきた。

「うん、行こっ！」

京子はいったんイライラを忘れ、笑顔になった。

お客様からの電話は昼休みも構わず鳴り続ける。そこで、昼休み時間帯はルミオペの2名との輪番で休憩を取ることになっている。人数が揃っているのは何かとありがたい。京子は「少数精鋭」という聞こえのいい名のもとに、実質2人で業務改善をしていた購買部時代を懐かしく思い出した。といってもつい昨日までのことだけれど。

ルミパルの社員食堂は本社ビルの6階にある。昨日まで通っていた馴染みの建物の、いつもの社員食堂。でもやっぱり景色が違う。目の前にいるのは、入社3カ月目の女の子。この天真爛漫な子といったい何を話せばいいんだろう？　京子は戸惑った。いきなり「彼氏いるの？」とかはさすがにナイよね。…って、それじゃお節介焼きの千早さんと変わらないじゃないの！　そんな京子のどぎまぎをよそに、麻衣香はのんびり口を開いた。

「京子さんって、埼玉出身なんですよね？　わたしも埼玉なんですよー。嬉しいなぁ～」

おお、共通点が見つかった！　ありがとう、埼玉…。麻衣香は続ける。

「…といっても、秩父《ちちぶ》ですけど。どこを見ても、山、山、山です。京子さんはどちらですか？」

「私は川越《かわごえ》。限りなく狭山《さやま》に近い川越だけれどね。ちょっと歩けば畑、畑、畑よ」

「ええ、川越なんて都会じゃないですかー！」

京子はカレーを、麻衣香は山菜蕎麦を食べながら顔を見合わせる。この昼休みで、麻衣香のことをいろいろ知ることができた。実家が秩父でうどん屋を経営していること。お祖母ちゃんがルミパルの化粧品が好きで、その影響でルミパルに興味を持ったこと。子どものころ、病弱で運動が苦手で家で本ばかり読んでいたこと。それがきっかけで、上智の文学部に進学したこと。麻衣香のしぐさを見ているだけで、なんだか癒されるな～。…って、癒されてばかりじゃダメよね。一人前の子に育てなきゃ！

あと10分で昼休みが終わろうとしている。あ、そうだ、チームのことも聞いておこう。

「そうそう。仕事をしていてここが大変とか、問題だなって感じていることとかあるかな？」

プラスチックの湯飲みのお茶をずずっとすすりながら尋ねる。

「そうですねー」

人差し指を薄い唇に当てて宙を見上げる麻衣香。しばらく考えたのちに、こう答えた。

「わたしはまだ入って2カ月ちょっとなので、目の前の電話対応だけで精いっぱいであまり周りが見えていないんですけれど…。あ、でも受注のミスとか、発送指示間違いとかが多くて、お客様からのクレームが目立ちますね。先週も、『違う化粧水が送られてきた』ってお客さんから電話で怒られちゃいました。わたしのミスじゃなかったんですけれどね…。お客さんとのトラブルが多い気はします。でも、通信販売ってそういうものなのかと思って」

いやいや、そういうものであってはまずいだろう。購買部にいた京子にだってわかる。

「で、そんなときは誰がどうフォローしていたの？」

「道子さんがフォローしてくれました。道子さん、他の人のミスでもお客様に電話をかけてじっくり話を聞いて、丁寧にお詫びしていたんですよ。普段の仕事もすごく丁寧でしたね。わたしも電話対応の仕方とか、発送の手配の仕方とか、道子さんに教わりました。夜遅くまで、手取り足取りとっても優しく教えてくれたんです。いなくなっちゃって本当に残念…」

麻衣香は窓の外を見た。品川区の閑静な住宅地。低層の家の屋根が、初夏の日差しを浴びてきらり光っている。

「ただ…」

うつむく麻衣香。その先が気になる。京子は少し前のめりになった。

「ただ、道子さん、清美さんと千早さんとはあまりうまくいっていなかったみたいです…。あの2人は仲良しですし、道子さんの丁寧すぎる仕事のやり方を煙たがっていたのかも…。あ、わたしがこんなこと言ってたなんて、皆さんには絶対言わないでくださいね！」

もちろん、口が裂けても言いませんよ。私が口を勢い良く動かすのは、美味しいものを食べるときだけ。普段は物静かで余計なことは言わない性格なんだから。ハイ、そこ笑わない！

「そういうのもあって、わたしほんとうに嬉しいんです。京子さんが来てくれて！」

麻衣香はまるで救世主を見つめるような眼差しで、京子の目を覗き込んだ。おおお、もしかして私はやっぱりとんでもないところに舞い込んでしまったのではないだろうか？　しかし、そんな不安は、目の前の麻衣香のふわっとした笑顔にかき消された。

別館に戻る。入れ替わりで、ルミオペの2人が昼休憩に。課長の都築は午後も会議のようで席にいない。午後は、皆がどんな仕事をどうこなしているのかを見ることにしよう。京子は愛用のメタリックグリーンの水筒を机の上にぽんと置き、周りを見渡した。

5人在席、4人不在の午後のオフィス。次から次に電話の呼び出し音が鳴り響く。メンバーはせっせと受話器を取って応対する。まるで戦場のようだ。

「お待たせいたしました、ルミパル通信販売部でございます…」

「やわ肌ホワイトニングを10パックで、よろしいでしょうか？」

「ビタミンDアップですね。ありがとうございます。ただいま、キャンペーン中につき、夏色小鉢をおつけしております。色のご希望をお伺いしたいのですが…」

「申し訳ございません、その商品は通信販売ではお取り扱いしておりません…はい…」

皆、受話器の向こうの相手と会話しながら、デスクトップパソコンの画面の受注管理システムの画面にデータを入力し、メモも取りつつ器用に対応している。そこに、休憩から戻ったばかりのルミオペの2人も加勢する。気がつけばもう2時だ。

2時半を過ぎると、ようやく電話の鳴き声も落ち着いてきた。

「ふぅ。今日は慌ただしいわね」

隣の席の清美が、マグカップに入れたジャスミンティーに口をつける。

「今朝、千葉の新聞の朝刊に折込チラシが入ったらしいのよ。そういうときはお昼過ぎまでこんな感じのことが多いわ」

確かに、皆の手元のメモや画面には佐倉市、市原市、香取市、大多喜町など千葉の地名が目立つ。折込チラシの効果ってあなどれないのね。京子は実感した。

お昼休みが終わって2時間。今のところこれといった問題点は見当たらない。皆、滞りなく電話対応しているように見える。都築さんと麻衣香ちゃんの言っていたことは誇張だったのだろうか？

そういえば、自称「技術担当」の拓郎くんは何をやっているのだろう？　彼は電話対応の役割を与えられていないようだし。そもそも、与えちゃまずいのかもしれないけれど。京子はさりげなく拓郎の後ろを通り、彼のデスクトップの画面を眺めた。他のメンバー同様の受注管理システムの画面…ではなく、インターネットで熱心に美少女アニメのブログを眺めている。後ろの京子にはまったく気づかない様子で、「ほほう、そうですか。それはそれは…」などと独り言をつぶやきながら。京子は、後ろのキャビネットの裾をヒールでこずいてコツンと音を立てた。そこでやっと京子の存在に気づく拓郎。慌ててブラウザの「×」ボタンをクリックして画面を閉じる。代わって画面に現れたのが、これまた小悪魔の格好をした二次元少女の壁紙。彼女ははにかんだ表情で、拓郎と背後の京子に甘く微笑んでいる。ごめん、いま私はあなたのように微笑めないわ…。

とりあえず、いま拓郎くんにとやかく言うのはやめておこう。今日は観察に徹する。きっと、仕事が一段落して息抜きでたまたま趣味のサイトを見ていただけよ。京子は呼吸を整えながら自分にそう言い聞かせた。

午後の電話対応を観察していて、京子は１つ気になることがあった。

「はい。ああ、そうですか。ショールに汚れが…。それは大変申し訳ございません。お手数ですが詳しくお話をお伺いさせてくださ い…」

ルミオペのメンバーのうちの１人が、頭を下げてお詫びをしている。

どうやら、商品の購入だけでなくクレームや問い合わせも同じ電話で受けている様子だ。

「ねえ、ここって、商品購入も問い合わせやクレームも同じ電話番号で受けているの？」

京子は拓郎に聞いてみた。

「そそ。そうなんですよ。まったくイケてないですよね。フツウ、購入窓口とクレーム対応窓口は番号別にしますよね。そういうところ、気が利いていないんだよなぁ…」

拓郎は目の前の画面を見つめたまま、他人事のようにブツブツつぶやいた。京子には目を、というより顔そのものを向けようとしない。

ううむ、異なる用件の対応窓口が混在しているのね。これは非効率かもしれないな。京子は腕組みしながら考えた。

そうこうしているうちに5時になった。電話受付の終了時間だ。皆、一斉に机の上の電話機の「留守番電話」ボタンを押す。以降は自動音声が流れ、営業時間外である旨を知らせる。

メンバーは皆、自分のパソコンをカチャカチャやりだした。京子は隣の清美のモニターをのぞいてみる。受注管理システムの画面が映し出され、「印刷」のボタンが押された。次の瞬間、共用のプリンターがうなり声を上げる。清美はささっと立ち上がり、排出された紙を取りに行く。その足で扉を開けて階段を下りていった。他のメンバーも同じようにする。あ、ただ1人、拓郎を除いて。それまでフロアの隅っこで寂しそうだったプリンターが急に活気づく。

「ねえねえ。みんな、何をしているの？」

今度は麻衣香に聞いてみた。彼女もまた印刷ほやほやのＡ４の紙を手に持っている。

「あ、これですか？　これは発送指示書です。わたしたちオペレーターは、お客様から注文を受けると、お客様の名前、性別、住所、商品名と個数なんかをまず受注管理システムに入力します。で、5時過ぎになったらこうやって一覧画面を立ち上げて。よいしょ」

麻衣香は自分のモニターに「受注案件一覧」なるタイトルの画面を立ち上げて見せた。

「この画面にはいままで受注した案件が一覧で表示されます。ここで、今日受注した案件の横のチェックボックスにチェックを入れて、一番下の『全件印刷』のボタンを押す。そうすると、あのプリンターから発送指示書と、お客様に送る納品書と請求書が出て来るんです」

麻衣香はＡ４の紙の束を京子に手渡した。京子はめくりながら、ふむふむと頷く。

「これを、1階の配送センターに持って行きます」

なるほど。これで受注から発送指示までの流れが理解できた。と同時に、もう1つ気になった。受注登録から発送指示がシステムでつながっていない。これもまた非効率だし、手作業によるミスが発生しうる。さらに、配送センターへの指示は（いまのやり方だと）1日1回のみ。しかも、定時後の夕方だ。朝一番でお客様から注文を受けても、商品を発送できるのはその日の夜あるいは翌日。ほぼ1日のロスタイムが生まれるわけだ。京子は再び腕組みをした。

「結構、前時代的な仕事のやり方しているのね…」

京子はつぶやく。そこで、終業を知らせる鐘が鳴った。

「お疲れ様でした！」

いち早く配送センターから戻ってきた清美。バッグをつかんでそそくさと帰っていった。

「お疲れ様でーす」

数秒置いて、他のメンバーの声が室内にこだまする。

麻衣香は背もたれに腰掛けたままうーんと大きく伸びをした。

「さてと。いままでは主に電話を受ける時間。これからは電話をかける時間なんですよ」

後ろに立つ京子に説明するように言う。

「お客様から受けた電話のうち、その場で答えられないお問い合わせや、要望、クレームは、いったんお預かりして調べた後、改めて電話で回答します。昼間に回答することもありますが、日中は電話を受けるので手いっぱいのことが多いですし、お客様もお出かけされていていらっしゃらないことが多いので、こうして夜にかけます」

そう言いながら麻衣香は手元の電話機の受話器を持ち上げ、華奢な指先でボタンを押した。

通信販売部のメンバーの机には、電話機が2台ずつ置かれている。1台はお客様からの入電用のフリーダイヤル。5時を過ぎたいまは留守番電話のランプが点滅している。もう1台は発信および社内連絡用のためのもの。こうしてお客様に連絡したり取引先などの外の人とやり取りするのに使われる。麻衣香がいまかけているのは発信用の電話だ。

「夜分に失礼いたします。わたくし、ルミパル通信販売部の山中と申します…」

ゆっくりのんびりの、いつもの口調でしゃべる。

向かいの席では、派遣社員の千早も同じように電話をかけている。

「お問合せいただいたミルク肌ハンドクリームは昨年で生産を終了しておりまして。現在は美白ハンドケアという商品をオススメしています。はい。はい」

テンポよく、なかばまくし立てるように流暢に会話する千早。言葉使いこそ丁寧だが、スピードは普段のいつもの千早のそれと変わらない。後ろのルミオペの2名も息つく暇なくコールし続けている。

営業時間外にお客様へフォロー対応をするのは、まあそういうものなのだろう。それよりも、京子が気になったのは通話の内容だ。

「申し訳ございません。こちらの手違いで、別の商品をお送りしてしまったようです。すぐにお求めのリキッドファンデーションをお送り致します。はい、大変申し訳ございません…」

「商品が届いていない？　大変申し訳ございません。ただいま確認いたしますので、いまいちど商品名とお客様のお名前をフルネームで…」

「お客様のおっしゃるとおり、私どもの手違いでキャンペーン特典をお送りできておりませんでした。申し訳ございません、すぐにお送りいたしますので…」

商品の取り違い、不着、発送数の間違い…など、ほとんどが通信販売部のスタッフのミスによるものに聞こえる。もう8時を過ぎているが、お詫びの電話は一向に終わる気配がない。

ふと、斜め前の席の拓郎が気になった。彼はモニター画面を見つめてキーボードをカタカタやっている。何をやっているのかしら？　京子は席を立ち、拓郎の背後に回り込んだ。

「ねえ、拓郎くんはいま何の仕事をしているの？」

画面には昼間の二次元美少女はいなかった。代わりに、ヒーローものの掲示板スレッドが表示されている。あ、今度はブラウザ閉じないんだね。

「メ、メンバーがまだいますからね。さすがに、誰か1人は管理する社員が残っていないとまずいでしょ。何かあったらフォローできるようにしておくのも、責任ってもんです」

まさか拓郎くんの口から、責任の2文字が出てくるとは思わなかった。しかし、拓郎くんの言うこともももっともだ。さりとて、拓郎くんにお客様対応のフォローができるようには見えないけれど。

「あとは私がなんとかするから、拓郎くんはそろそろ帰っていいよ」

京子は拓郎を急かした。拓郎は「ま、主任がそういうなら」と言いながら帰っていった。

全員の仕事が終わるのを見届け、オフィスを出たのは10時過ぎだった。都築は席に戻ってこなかった。帰り際、ホワイトボードをちらりと見ると、「外出直帰」の文字が並んでいるのに気づいた。兼務先の仕事で忙しいのだろう。

ほとんど明かりの消えた本社ビルの横を通り、駅へと急ぐ。そういえばこんなに遅くまで残業したのはいつ以来だろう？　ぼんやり考えながら歩いていると、京子は肩をポンと叩かれる。同期の堀井《ほりい》だ。

「よっ、友原。いま帰り？　珍しいな、こんな時間まで。そういや友原はいまどこにいるの？」

軽快に語りかける堀井。彼はビバレッジ事業部で新商品の企画をしている。毎晩激務で大変だと聞いている。京子は自分が通信販売部に異動になったことを伝える。返ってきた言葉が、疲れた京子の気持ちをさらに萎えさせた。

「へえ。ウチの会社、通信販売なんてやってたんだ。知らなかった…。まあ、頑張ってよ！」

そ、そんな…。堀井の何気ない一言に、京子は頭を鈍器で殴られたようなショックを受けた。もちろん、鈍器で殴られたことなんて生まれてこのかたないけれど。もしや、通信販売部は社内での地位が相当低いのではないだろうか？

会社から私鉄と徒歩とで20分ちょっと。児童公園の横の小ぎれいなアパートの2階が京子の住まいだ。家賃補助をもらいながら、入社以来ずっとここで暮らしている。ワンルームの部屋では、観葉植物やぬいぐるみが家主の帰りを待っていた。朝、京子が家を出たときよりも元気がないように見える。それは、京子の気持ちを表しているにすぎないのだけれど。

ユニットバスの小さな浴槽に湯を張って身を沈める。この季節はシャワーだけで済ませることも多いのだが、今日はとにかくゆっくりお湯に浸かりたかった。京子は淡いピンク色の天井を仰ぎながら、今日あったことを一つひとつ思い出す。

古くて非効率な仕事のやり方、メンバーの連帯感のなさ、管理者不在、ミスの多さ、そのフォローのための残業、問題アリな社員の存在…きわめつけは、帰り際の堀井の一言。再び京子の心に重くのしかかった。

ひょっとして、私はとんでもない部署に来てしまったのかもしれない。

「ううん。これからどうしよう…」

京子は湯船に半分顔をうずめた。見上げた天井は、昨日より幾分くすんで見えた。

＊＊＊

明くる日。小雨がしとしとと降りしきる朝。京子は始業時間よりも30分早く出社した。今朝は清美の姿もなく、正真正銘いの一番の出社だった。そういえば地下鉄が信号機の故障で遅れているってニュースで言っていたっけ。きっとその影響だろう。

自席のパソコンを立ち上げてトイレに行こうとしたそのとき、隣の清美の机の上の入電専用電話がけたたましく鳴り出した。あれれ、営業時間外でサイレントの留守電モードになっているんじゃなかったっけ？　それなのに、なぜ鳴るのだろう？

とにかく出なきゃ。京子は反射的に受話器をとった。

「お、お待たせいたしました。ルミパル通信販売部でございます。」

たどたどしい口調の京子。声のトーンを上げてなるべくはっきりゆっくりしゃべる。返ってきたのは、およそ真逆のヒステリックな口調だった。

「ちょっと、どうなっているのよ！　昨日届いた商品、保湿パックが入っていないじゃないの！　いったい何を聞いていたのよ。まったく、もう」

ひええ。朝イチから目の覚めるようなクレーム電話を受けてしまった。京子は平謝りで、お客様の名前と住所、注文した商品を聞き（聞くたびに何か嫌味を言われるので、ハラハラしながら）、担当者に確認して折り返す旨を伝えて電話を切った。神奈川県のナガハマ・サエコ様。京子はメモを見て名前を復唱した。

ふう。なんとかご納得いただけた、とホッとする間もなく再び清美の電話が鳴る。

「あ、ルミパルさんですか？　わたくし、ヤマサキと申します。昨日、お電話をしたところ折り返しお電話いただけるとのことでずっと待っていたんですけれども、いっこうにお電話いただけなかったのでいまこうしてかけています。御社は皆さんお忙しくて、なかなか相手にしていただけないんですかねぇ…」

口調は丁寧だが、明らかに怒っている。群馬県にお住まいのご婦人。県内のルミパルショップで、エイジングケアの乳液を置いている店舗があるかどうかのお問い合わせだった。本来、店舗取り扱い商品の管轄はお客様相談室なのだが、応対をほったらかした挙句にお客様相談室にかけてくれとは言いづらい。京子は、イントラネットのサイトで店舗情報と商品情報を検索した。昨日の空き時間に、なんとなくイントラネットを眺めておいてよかった。高崎《たかさき》と伊勢崎《いせさき》の店舗で取り扱いがあった。京子はその旨を伝え、応対を終えた。ほっと胸をなでおろす。と、安心している場合ではない。お客様からのお問い合わせを放置するだなんて、考えられない。ひとりでイラついているとまたベルが鳴った。いったい、どうなっているの？

京子は再び受話器を上げた。今度は大人しそうな女性から。

「あのう…。昨日の夜、買った覚えのない商品がお宅から届いたんですけれど…。請求書も入っていたし、どうしようか困ってしまっていましてね…」

まったく、送り間違いしたの誰よ！　京子は申し訳なさそうな声で、着払いで送り返してくださいと伝えた。ナカジマ・マサコさん。同姓同名が多いので、別の誰かと間違えられることよくあるんです。気にしないでくださいと言ってくれた。相手が寛大で助かった。

それにしても、営業時間前なのになぜ電話が鳴るの⁉　もしかして…このフロア「出る」のかしら？　きゃあ！　京子は混乱のあまり怪奇現象を疑ったが、なんのことはない。清美の入電用電話だけ留守電のランプが消えていた。ははあ、どうやら清美は昨日留守電設定をし忘れて帰ったらしい。京子は脳天気な勘違いから目覚め、すぐ留守電ボタンをポンと押した。とたん、電話機はランプを点滅させてしばしの眠りについた。まるで当直勤務明けの人が、やっとこさ床に就いたようにスヤスヤと。

始業時間10分前。…って、私が出社してまだ20分しか経っていないのね。京子にとって、てんやわんやしていたその20分は2時間以上に感じられた。そこへ清美が出社してきた。

「おはようございます。あの…清美さんの留守電、オフになっていましたけど…」

「あらら、ごめんなさい！　またやっちゃったみたいね…。気をつけます！」

ぺこりと頭を下げる清美。ちょっと待って、「またやっちゃった」ってことは、いままでも朝誰もいないフロアで誰も取らない電話を鳴り続けさせて、お客様をイライラさせてたってことかしら。京子はゾゾっとなった。

程なくして都築を除く全員が揃った。拓郎も、今朝は遅刻せずに現れる。都築は今朝も外出なのだろうか？　そう思っていたら、麻衣香がホワイトボードの前にとことことやってっきて、都築の欄の「外出直帰」の文字を丁寧に消し、「国内マーケ打ち合わせ~直帰」に書き換えた。やれやれ、2日目の今日も責任者不在か…。

一段落したところで、京子はルミオペ2名を含む全員を奥の会議室に呼んだ。朝イチで京子が受けた3件のクレームの内容を共有するためだ。うち1件、ナガハマ・サエコ様には折り返し連絡することになっている。

「…というわけで、皆さんお忙しいとは思いますが、お客さんをお待たせしないよう確実に折り返しのご連絡をするようにしてください。また、発送間違いにも十分気をつけてくださいね。最後に、ナガハマ様からのご注文を受けた人。この打ち合わせが終わった後に私に声をかけてください。注文内容をきちんと確認した上で適切に対応したいと思いますので」

京子はその場で犯人探しはせず、本人に名乗り出てもらうよう促した。そこで解散。皆、自席に戻る。京子もまた席に着く。ところが待てど暮らせど、京子に声をかける者は現れない。まもなく10時。電話受付の開始時間になる。そうなったらゆっくり調査もしていられない。まったく、こうしている間もナガハマ様をお待たせしているというのに…。ナガハマ様のヒステリックな口調が京子の脳裏に鮮やかに蘇る。イライラしながらパソコンの画面に目をやる京子。そこに1通のメールが届いた。差出人は「松川 拓郎」。いま、京子の斜め前でモニターにかじりついているその男だ。この距離なんだから、直接話しかければいいのに…。京子は面倒くさいなと思いつつメールを開いた。本文はたった2行だった。

——きっと誰も名乗り出ないと思いますよー。そもそも、どのお客さんから注文を受けたなんて覚えていないと思いますし。

直後、京子は今度は拓郎だけを会議室に呼び出した。

「ねえ、あれってどういう意味?」

扉を閉めながら質問する京子。拓郎は応答する。相変わらず京子の目を見ようとしない。

「えーと、メールでお伝えしたまんまです。いちいち誰の対応をしたかなんて、よっぽど印象に残るお客さんでもない限り覚えていないですよー。僕だって、見たアニメのキャラいちいち全部記憶していないですからねー」

そのたとえ、よくわからないから。だが、メンバーに聞いたところで解決しなさそうであることはよくわかった。ならば他の方法を探るまでだ。

「じゃあ、どうしたらナガハマ様に対応したのが誰なのかを知ることができるかしら?」

「受注管理システムを調べてみたらいかがですか? 『ナガハマ　サエコ』で検索かけて、受注履歴をさぐれば誰が担当したかすぐわかりますよ」

拓郎のアドバイスを受け、京子はさっそく受注管理システムを叩いた。その結果、対応者は千早だったことが判明した。念のため、受注商品名の欄を確認する。あるのは軟水スキンケアローションのみ。保湿パックの文字は見当たらない。ということは、千早がシステムへの登録を漏らしたか、お客様の勘違いか、あるいはシステムが悪さ(どんな?)をしたかのいずれかだ。決して、千早のミスだと疑ってかかってはならない。本人からまず十分に事情を聞かなくては。なるべくソフトに慎重に…。しかし、その心配は杞憂に終わる。なぜなら、千早はあっさりと自分のミスを認めたからだ。

「あ、確かに保湿パックもくださいって最後に言っていたわね。でもね、そのお客様にも責任あるのよ。最初にスキンケアローションをご注文された後、長々と相談されちゃってね。親戚の結婚式があるんだけれど、どんな着物がいいかだなんて。私も着付けは得意だから、ついつい話し込んじゃってね。で、最後に思い出したように保湿パックもつけていただこうかしら～なんて言うわけ。で、ついつい登録漏れ」

京子は返す言葉がなかった。自分の非を認めたのはいいが、話題をすり替えた上でお客様のせいにするなんて…。

「とにかく、千早さんからナガハマ様にきちんとお詫びして保湿パックを大至急お送りしてくださいね」

なるべく円満におさめようと、柔らかいトーンで諭す京子。千早はそんな京子の気苦労を気にする様子もなく、あっけらかんと「はいはい。わかりましたー」と一言。京子は会議室の入口に立ち、千早がナガハマ様への電話を終えるのを遠目で見届けてからデスクに戻った。

ふと、京子は自分の席の後ろに段ボール箱が2箱、横並びに置いてあるのに気づいた。この箱はいったい？　片方の箱は開いている。そうっと中を見てみる。包装された小箱がぎっしり詰まっていた。贈答品かな？　包装紙の破れかかった小箱を1つ見つけた。京子は包装紙をびりびりとむしった。少し高そうなハンドタオルが出てきた。

「これ何？」

京子は小箱を1つつかんで振りながら、拓郎に聞いた。

「ああ、これですか。お詫びの品ですよ。ほら、うちの部って受注漏れやら発送忘れやら多いじゃないですか。そんなとき、お客さんにささっとお送りできるよう常に在庫しているんですよ。そういうとこ、抜かりないでしょ」

なるほど、そうですか、そうですか…。

「主任もついに、パンドラの箱を開けてしまいましたねぇ〜。ひひ」

薄ら笑いを浮かべる拓郎。いやいや、この状況まったく笑えないですから。京子は大きくため息をついた。私は、本当にとんでもないところに来てしまったみたいだ。京子が通信販売部に対して持っていた甘いイメージは、配属2日目にして脆くも崩れ去った。

＊＊＊

昼休み。京子は麻衣香を誘って外に出た。社員食堂以外のところで気分転換したかったのと、麻衣香に聞きたいことがいろいろあったので。

朝に降り出した小雨は止む気配がない。2人は傘を差して、駅へ向う途中の小さなパスタ屋に入った。パルメザンチーズとトマトソースの香りが立ちこめ、食欲をそそる。ここはなかなかの人気店で、いつも昼休憩の時間帯はルミパル社員でいっぱいなのだが、予想どおり今日は空席がある。雨降りだから社食で昼を済ませる人が多いようだ。

京子はタラコクリームパスタを、麻衣香はペスカトーレを頼んだ。2人は、サラダバーのカウンターで小皿に野菜とドレッシングを盛ってテーブルに戻る。今日も帰りが遅くなりそうだし、しっかり栄養つけなくちゃ。店内には、オーナーの趣味なのかしら？　Ｑｕｅｅｎの曲が次々に流れる。

「今日は昨日ほどは慌ただしくないです。でも、問い合わせやクレームが多くて大変かも」

麻衣香はいつものんびり口調で答えた。すでに、朝のドタバタで京子はその大変さを十分理解していた。

「どんな内容の問い合わせやクレームが多かった？」

サラダをもしゃもしゃ食べながら、京子が聞いた。ルッコラのほろ苦いみずみずしさと、サクサクのクルトンの歯ごたえが心地いい。

「そうですね。今日は、注文した品がいつ届くのか？って問い合わせが目立ちましたね。でも、一番困るのは…」

そこにパスタがやってきた。2つの皿から立ち上る湯気が、京子と麻衣香の間にゆらめく。

「一番困るのは、別の人が受けた質問に関する追加質問や督促ですね。『昨日問い合わせた質問の回答がまだない』『折り返しの連絡がいつまでたっても来ない』など。今日も1件ありました。最初に誰が何を受けたかがわからないので、答えようがないんです。だから、頭を下げてもう一度用件を聞くか、あるいは担当者から連絡させますって受け答えをするんですけれど、いずれにしてもいい顔はされないですね。あたりまえですよね」

眉をひそめながら、にこっとする麻衣香。わかる。朝、京子が受けた電話もまさにそれだ。

「他の人がいつどんな問い合わせを受けていたかって、メンバーで共有できていないの？」

「できていないですね。自分で受けた問い合わせやクレームは、自分で対応するがキホンだって教わりました。自主性ですね！　だから、周りに頼らず自分の力だけでお客様対応できるよう、早く一人前にならなくちゃって思います！」

麻衣香は目をキラキラさせた。なんて素直で前向きな子なんだろう。でも、その責任感は立派だけれど、組織の仕事のやり方としてはどうかと思うよ。実際、問い合わせを放置してお客様を怒らせている。迷惑するのはお客様だ。

「でもさ、それだと、電話を受けた担当者が休んじゃったりしたらお客さん困っちゃうよね。いつまでも、誰からも回答もらえなくて」

京子は麻衣香にいまの仕事のやり方の問題点を気づかせようと思い、やんわり質問した。

「あ、そうですね。確かに、いままでもお客様から問い合わせを受けた人が休んじゃったり忘れちゃったりで、その問い合わせが迷子になっちゃったことがありました。それって仕事としてあり得ないですよね。だから…」

うんうん。ようやく問題意識を持ったようだ。しかし、京子は次の一言に衝撃を受ける。

「だから、休まないようにすることが大事だと思うんです。わたし、昔から体が弱くてそこが課題だと思っています。最近はジョギングで体を鍛えているんですよ。部屋に、ウォーターダンベルも買いました！」

麻衣香はカーディガンから伸びる華奢な腕をガッツポーズして見せて、うふっと笑った。

「はははは…」

つられて京子も笑う。乾いた笑いだけれど。いや、そういうことじゃなくってね…。本当に、ここの仕事のやり方なんとかしないとマズいよ！

「いままでは道子さんがみんなのサポートをしてくれていたんでわりと安心だったんですよ。メンバーが休暇や研修でいないときは、前の日にそのメンバーに未回答の問い合わせがないかを聞いて、翌日代わりに対応していたり。迷子になりそう問い合わせは、自分で拾ってお客様に積極的に回答したり」

その頼れる道子ももういない。京子は、歓迎会の拓郎の言葉の意味がやっとわかった。麻衣香はグレープフルーツジュースの底に残った氷をストローでくるくるしながら続ける。

「道子さん、自分で受けた問い合わせは、確かキレイにノートにまとめていましたよ。自分に何かあったら見てねって言っていました。しっかり者です。わたしも頑張らなくちゃ」

昼休み終了10分前になった。そろそろオフィスに戻らなくては。

京子は「今日はいいから！」と言って財布を出そうとする麻衣香を押しとどめ、すたすたとレジに向かった。麻衣香は本当に嬉しそうに、にっこりお辞儀をした。

＊＊＊

再び会議室。京子は再び拓郎と向き合っていた。通信販売部の情報共有の仕組みについて知るためだ。

麻衣香はさっき、お客様から受けた問い合わせやクレームの内容がメンバー間で共有できていないと言った。これは大いに問題だ。なんとか現状の仕組みで情報共有ができるようにならないか目星をつけたいと思った。

「ねえねえ。みんなが使っている『受注管理システム』ってあるじゃない。あれって、お客様からの注文情報を登録していると思うんだけれど、注文以外のお問い合わせやクレーム、要望なんかも登録して管理できないものなのかしら？」

京子は思いつきで聞いてみた。通信販売部の技術担当…もとい、「自称」技術担当に。

「あ、それ無理ですね。受注管理システムは、あくまでお客さんからの注文情報を管理するシステムですから。問い合わせとか、クレームの管理をはなから想定していないんです」

素っ気ない回答だ。想定していようがいまいが、なんとかできないものか。

「なるほどね。じゃあ、こういうのはどう？　問い合わせやクレームを受けたときは、注文情報登録画面の『商品名』の欄は空欄にしておいて、『備考欄』に問い合わせやクレームの内容を入れて登録するとか。こうすれば受注管理システムで、問い合わせもクレームも管理できるじゃない」

京子は食い下がる。運用でなんとかできないかと考えたわけだ。

「ううん。それも無理ですね。受注管理システムは、商品の欄が空欄だとエラーで登録できませんよ。何度も言いますけれど、受注のための仕組みですから…」

「なら、適当な商品名を入れてシステム登録はできるようにしておくの。で、備考欄に『これはクレームです』『これは問い合わせです』って書くようにするのはダメ？」

「無茶苦茶言いますね。経理や配送センターに怒られますよ。偽の注文データを登録しちゃマズイです」

だめだ。このまま続けていてもいい解決策は得られそうにない。京子はううんとうなりながら、遠くを見た。裏通りに面した窓の向こうには、近隣の住居や町工場のひしめき合う様子が、その向こうに渋谷や六本木の高層ビル群が曇り空に霞んで見える。

「そもそも、みんな受けた問い合わせやクレームをどう記録しているのかしらね？」

ひとりごとのようにつぶやく京子。

「わかりません。ぼ、僕は電話対応には関与していませんから。そういう役割なので」

わかっていますよ。ネットサーフィンしてぶつぶつ言うのが、あなたの仕事なんでしょ。でもそれじゃまずいよね。あ、そうだ、拓郎くんに1つ仕事をしてもらおう。

「いいわ。それは私が調べる。拓郎くんは、私たちがお客様から受けた問い合わせやクレームを管理する仕組みを考えてもらってもいい？　なるべくお金がかからない方法をね」

なるべくお金がかからない方法をね…これは京子が購買部にいたときの上司の口癖だ。まさか、このセリフを自分が言うことになるとは思わなかった。

「おっとっと、これはこれは主任様、またなかなかの難題を…」

大げさなリアクションでぶつぶつ言う。

「任せたわよ。技術担当！」

京子は、最後の四字熟語を敢えてはっきり発音して拓郎の背中をぽんと叩いた。

さてと、メンバーがどうやって問い合わせやクレームの記録を残しているのか見てみよう。京子は小1時間かけてフロアを一回りし、一人ひとりの様子を観察した。各メンバーの対応は次のとおりだった。

- 清美…B5サイズのノートにメモ
- 千早…コピー用紙の裏紙の束にメモ
- 麻衣香…パソコン上のエクセルファイルに記録
- ルミオペの2人…パソコン上のエクセルファイルに記録

ルミオペの2人は、1つのエクセルファイルをサーバー上で共有していた。これならどちらかが休んでも、あるいは異動や退職などによりメンバーが入れ替わっても引継ぎが容易だ。

メンバーの電話対応を見回してみて、他にもいろいろ気になる点はあったが1週間はまず様子を見ることにした。自分は通信販売の素人だし、ひとまず疑問点・問題点を自分なりに整理し、それからどう管理・改善するか？を考えよう。

＊＊＊

翌週の金曜日。京子が通信販売部に来てから1週間と2日が過ぎようとしていた。毎日、メンバーにつきあってほぼ10時過ぎまで会社にいる。皆、毎晩遅くまで働いている。ただ1人、清美だけは毎日定時の鐘とともにスパッと帰っているが。

残業が常態化している原因はいくつか考えられる。1つはオペレーションミスだ。受注のミス、発送指示ミス、案内ミスなどがお客様からのクレームを生み、対応に時間を取られる。

クレームや問い合わせを生んでいる原因はほかにもある。たとえば、注文を受けてから出荷までのリードタイム。いまのやり方だと、配送センターへの商品の発送指示が行われるのは定時後。そこに配送センターの作業時間が加わるため、お客様に商品を発送できるのは早くて翌日になる（配送センターは土日は稼動していないため、休日を挟むとさらに遅くなる）。お客様からの「まだ届かない！」「いつ届くのか？」といった問い合わせが少なくない。リードタイムを短くする、あるいは商品到着までの目安の日数を注文を受けるときにご案内するだけでも、問い合わせの削減につながる。

対応が属人的なのも問題だ。清美が受けた問い合わせは清美にしかわからない。仮に麻衣香がそのお客様から回答督促の電話を受けても回答しようがないのだ。そこでまたクレームを生む。問い合わせ情報、クレーム情報、対応履歴の共有は大きな課題だ。これはいま、拓郎にもやり方を考えてもらっている（考えてくれている…よね？　毎日遅くまで残業している割に、美少女アニメのサイトばかり眺めているような気がするのだけれど）。

折り返し電話の多さも気になる。もちろん、その場ですぐ回答できない問い合わせもあるだろう。しかし、お客様とのやり取りを横で聞いていると、商品の取り扱い情報や在庫情報、保管方法など、その場で調べればすぐ回答できそうな問い合わせも多い。その場で答えられない→折り返し電話→定時後に折り返す→相手が不在→翌日再度連絡（最悪のパターンは、再度連絡するのを忘れる。そしてクレーム発生）…こんな無駄を生んでいるのだ。

また、こんなトラブルもあった。１万円以上の商品をお買い上げいただいたお客様にのみプレゼントするキャンペーン特典を、メンバーのうちの誰か（それが誰かはわからない。管理できていないので！）が問い合わせをしてきたお客様に「５０００円以上お買い上げのお客様にプレゼントします」と間違って案内してしまったようなのだ。翌日、そのお客様からの電話を別のメンバー（ルミオペのうちの１人）が受け、６０００円分のご注文をいただいた。その際、キャンペーン特典はつかないと説明し、そこでお客様が激怒したのだ。「担当者によって言っていることが違う。どういうことなのよ！」と。こちらの手違いなので平謝りして特典をお送りすることにしたが、これはまずい。メンバーの知識強化、教育の徹底も重要課題だ。

金曜夜９時のルミパル別館３階。フロアには、麻衣香と千早と拓郎がまだ残っている。京子は会議室にこもりホワイトボードの前に佇む。そして、いま頭の中に浮かんできたことをマーカーで書き出した。真新しいペン先が、キュッキュっと小気味よい音を立てる。

「うーん。こんな感じ…かな?」

残業だらけの職場
―クレーム、問い合わせが多い
├①オペレーションミス
├②注文から出荷までのリードタイム
├③属人的な対応
├④折り返し電話の多さ
└⑤メンバーの知識不足

お客様の不満

さてと、どこからどう手をつけようか…。いきなり全部はできない。大掛かりにやるとしたらシステム導入などの投資が必要になるかもしれない。ホワイトボードの前を熊のように歩き回る京子。しばらくして、ポンとこぶしで手のひらを打った。

そうだ。まずはじめにサービスレベル目標をきちんと決めよう!

「サービスレベル」…京子は久々にその言葉を思い出し、手元のノートに綴った。

第2章　京子、主任の第一歩を踏み出す──「サービスレベル管理」

その週末、日曜日の朝の東名高速道路下り線は空いていた。関東地方もついに梅雨入りし、空は雲で覆われている。京子は久しぶりに愛車のハンドルを握っていた。助手席にはショートヘアの女性がちょこんと座っている。ルミパル同期入社の亀井雪乃《かめいゆきの》だ。雪乃は国内マーケティング部で営業事務の仕事をしている。京子と同じく自然が好きで、入社以来行動をともにすることが多い。このゴールデンウィークは一緒に高尾山《たかおさん》に登った。

「急なんだけどさ、明日動物園行かない？　どうしても、動物を見て癒されたくなっちゃって…。クルマ出すから！」

京子の誘いはいつも唐突だ。動物が見たい！　そう思ったのは土曜の夜中。すぐメールして、そしてその相手がいま隣にいる。いつだったたか、お蕎麦を食べに行こうって言って安曇野《あづみの》にとんぼ返りしたこともあったっけ。さすがにあのときは疲れた。

「いやー。ひまつぶしにつきあってもらっちゃって悪いね」

おどけた声で話す京子。助手席の雪乃をチラりと見る。

「全然悪いって思っていないでしょ！　まったく、京子の誘いはいつも突然なんだから…」

追い越し車線を駆け抜ける、スポーツカーの一団に目を奪われながら言葉を返す雪乃。

「まま。お代官様。『ひまつぶしの友こそが、生涯の友』だってかの有名な作家も言っているじゃない。あんた、幸せモンだよ」

京子は調子のいいことを言う。はて、作家の誰かがそんなこと言っていたっけ？　少なくともシェークスピアはそんなこと言ってなさそうだな。

「出た！　京子のテキトー格言」

呆れ声の雪乃。でも楽しそうだ。２人を乗せたコンパクトカーは東京料金所のＥＴＣレーンを抜け、西に走っていった。


郊外の動物園。なだらかな丘の上に建つゲートには、チケットを買う人の列ができていた。曇り空なのにたくさんの家族連れやカップルで賑わっている。ちらほら、京子と雪乃のような女子グループもいるにはいる。２人は列の後ろに並んだ。

どういうわけだろう。京子と雪乃が並んだ列だけが進みが遅い。他の2列はすいすい進むのに。「パパ、まだー？」「あとちょっとだから」後ろからそんな親娘の会話が聞こえてくる。

京子は、列から少し体をはみ出して窓口の様子をうかがってみた。どうやらこの列を受ける係員の応対が遅いようだ。チケットを出すまでに時間がかかりすぎている。

――対応スピードが遅い。

京子は心の中でつぶやいた。しばらく一定の遅れたペースが続き、今度はぴたっと列が動かなくなった。いったい何ごと？

京子は再び半身をずらして前方を見る。ツアーコンダクターらしき黒いスーツの男性が窓口であたふたしている。ははあ。団体客がいるんだな。

――団体客と一般客の対応窓口が混在している。

今度は口に出してぼそっとつぶやく京子。一般客と団体客は窓口別にしてほしいなぁ。

「大変お待たせいたしました！」

ようやく京子と雪乃の番だ。入園券の枚数、合計金額、受け取った額、お釣りの額を念入りに確認し、トイレやレストランの場所、その他注意事項を懇切丁寧に説明する若手の係員。

「再入場される際は、この半券を係員に見せてください。いってらっしゃいませ」

こうしてやっと園内に入ることができた。

自然の森と丘をそのまま生かした動物園。広大な敷地には、ゾウ、シマウマ、サイ、カバ、キリンなどの草食動物もいれば、ライオン、トラ、ゴリラ、チンパンジーなどの肉食雑食動物、ヘビやワニなどの爬虫類とバラエティーに富んでいる。京子はとりわけ草食動物が好きだった。シマウマやヒツジが草を食んでいる姿を見ると、のんびり笑顔になれる。

昼を過ぎたころから、雲が薄くなり晴れ間が見えてきた。急に蒸し暑くなる。京子はハンドタオルで汗を拭き、雪乃は日傘を差し始めた。さらに歩くと、コンクリ造りのオシャレな建物が2人の目に飛び込んできた。

「SAFARI CAFE(サファリカフェ)」の看板が見える。ガラス張りの扉の前では「氷」の旗がたなびいている。京子はヒンヤリ冷えた抹茶あずきのかき氷を想像した。

カフェがあるのは動物園の敷地の外。たしか半券を係りの人に見せれば再入場できるって窓口の人がいっていたよね。すぐ近くには「中央口」なるゲートがある。寄ってみようか。

「のど乾いた…よね⁉」

顔を見合わせる京子と雪乃。早速ゲートに向う。ところが…係員がいない。このまま出ちゃって大丈夫かしら？　でも入るときどうするんだろう？　自動改札機みたいなゲートに半券を通せばいいのかしら？.？

ゲートを通るのを躊躇して困っている2人。そこに、エンジ色の制服を着たガイドの女性が通りがかった。20名弱のお客さんたちを率いている。動物園が主催する見学ツアーの一団のようだ。ちょうどいい、この人に聞いてみよう。

「すみません。そこのカフェに行きたいんですけれど、出ちゃって大丈夫でしょうか？.」

「はい。再入場されるときに改札機に半券を通していただければ大丈夫ですよ」

制服の彼女はいったん歩みを止め、にこやかに説明してくれた。軽く会釈する京子と雪乃。彼女が進もうとしたその時、今度は子連れの家族に呼び止められた。

「そこのお店に寄りたいんですけれど、再入場ってできるのでしょうか？」

同じ説明をし、頭を下げる。そこへ今度は熟年夫婦がやってくる。

「ええ。半券なんて捨てちゃったよ。再入場できると知っていたら捨てなかったのに…」

どうやら、この熟年夫婦に対応した窓口の係員は半券提示で再入場可能である旨を伝えていなかったようだ。不服そうな夫。そこに別の若いカップルも加わり、質問を浴びせる。

「カフェは敷地内だから、半券がなくても再入場できるって窓口の方に言われましたが…」

気がつけば、彼女の周りはちょっとした人だかりになっていた。

必死に対応するガイドの女性。誰か助けてよ！って表情が見え隠れする。その後ろで待たされた見学ツアーの客は、文句こそ言わないが困った顔をしている。これでは、彼女の本来の仕事である見学ツアーが成り立たない。

——人によって言うことが違う。

京子は冷静にそう思った。そもそも再入場の可否とやり方をここに掲示しておけばいいのに。京子は「中央口」と書かれたゲートの看板を見上げた。あるいはチケットの半券に印刷しておくだけでも問い合わせやお客さんのイライラは減る。

——無駄な問い合わせやクレームを発生させない工夫が必要。

他人事じゃないよなぁ。京子はカメレオンを眺めながら、職場での出来事を思い出した。

2人が動物園を出るころには、辺りは薄暗くなり始めていた。一匹、また一匹、カエルが鳴き始めた。まもなくそれは大合唱になり初夏の里山に涼しく響く。

帰りの東名高速も順調に流れていた。

「そういや、雪乃って国内マーケだったよね。私のいまの課長、都築さんって人で国内マーケと兼務しているんだけれど、そっちではすごく忙しいの？」

車線変更しがてら、ふと聞いてみる。

「あ、都築さんが上司なんだ？　そうね。フロアの会議室ではよく見かけるわ。でも、都築さんって仕事よりもアフターファイブで大忙しってウワサよ。毎晩飲み歩いているみたい。この前も、木村《きむら》くんが夜遅くに五反田駅前で超ノリノリの都築さんを見たって言ってたなんですって！　都築さん、仕事が忙しいんじゃなかったのかしら…。

いまのは聞かなかったことにしよう。きっと、飲み会も仕事のうちなんだろう。そうよ。

夕闇迫るハイウェイ。フロントガラスの向こうには、ほんのり赤い空をバックに龍のような形の雲が流れている。明日は晴れるかな。2人を乗せたコンパクトカーは左のウィンカーを灯し、東京インター出口の下り坂に滑り込んだ。

＊＊＊

雪乃を世田谷区内の住まいに送り、アパートの自室に戻った京子。小さなテーブルの上で、古びた手帳を真剣にめくっている。ええと、ええと、どこにメモしたっけな…。

それは一昨年、京子が購買部の業務プロセス改善を命じられたときのこと。情報システム部の先輩、大井《おおい》宏一郎《こういちろう》からＩＴＩＬという名の業務改善手法を教わったときに必死にメモをした手帳だ。何度も見返していたので端はボロボロだ。

その大井は去年の春からインドに駐在している。ルミパルでは、社内のシステムの開発や運用維持をムンバイのＩＴ企業に委託し始めた。その立ち上げ要員として大井に白羽の矢が立ったのだ。大井のことだからきっと相当ストイックな生活を…いや、相変わらずひょうひょうとマイペースにやっているに違いない。

「これこれ。サービスレベル管理！」

京子はそのページを見つけた。ボールペンの文字は、ところどころ黒くにじんでいる。

『サービスレベル管理とは、サービス（業務）を約束した水準や品質で提供できるよう管理する一連の活動。』

手始めに通信販売部の業務で管理すべき項目と、目標を決めよう。京子は使い古したメモ帳の横に、真新しい若草色のノートを取り出した。

さてさて、何を管理項目としようか？　頭をポリポリ描く京子。

何よりオペレーションミスをなくさないとね。いまの通信販売部を見ていると、ミスが問い合わせやクレームを生んで、それがお客様のイライラと私たちの残業時間を生んでいる。これを断ち切りたい。目標は…高く0件としておきましょうか。京子はノートに「オペレーションミス　0件」と書き込んだ。

次に…ううん、やっぱり折り返し電話をなんとかしたい。折り返しナシでその場で回答できる割合——これを一次完結率と呼ぶらしい（昨日、本で読んで知った）——を高めれば、お客様にストレスを与えないし、業務効率も上がる。折り返し忘れのクレームも減らせる。電話対応の一次完結率…ううん、とりあえず80％にしておこうかしら。京子はのってきた。

それから注文を受けてから発送までのリードタイム。お客様にもきちんと説明できていないし、私たちスタッフの内部目標もない。いまは注文から発送までだいたい1〜2日かかっている。午前中に受けた注文は、夕方までには出荷したい。午後受けた注文はできればその日の夜に。夕方受けた注文は翌日…そうすると半日ってところかな。全注文の9割はこのリードタイムを守って出したいわね。

「よし、できた！」

- オペレーションミス　0件
- 電話対応の一次完結率　80％
- 注文を受けてから発送までのリードタイム半日以内。リードタイム遵守率　90％

「これを通信販売部のサービスレベル目標にしよう」

京子はひとり、小さな部屋の中で声を上げた。木の掛け時計の振り子がカチカチと音を立てている。去年の秋、八ケ岳《やつがたけ》のお店で衝動買いした時計だ。

そこまで書き出して、京子は重大なことに気づいた。

待てよ。そもそも、どれだけの入電があって、そのうち注文は何件で、問い合わせは何件で、クレームが何件で、さらにミスがどれくらい起こっているのだろうか？　京子はそれを知らない。というより知る仕組みがない。それを知ることができる仕事のやり方にしないとダメだ。ひとまず、このサービスレベル目標案を都築さんに説明して理解を得つつ、きちんと現状把握して目標の達成度合いを測定できる業務プロセスを考えなくては。

京子はメモ帳の一番最後のページを開いた。そこには太字でこんな言葉が記してあった。

『定義できないものは、管理できない。管理できないものは、測定できない。測定できないものは、改善できない　by　W・エドワーズ・デミング』

品質改善の神様と呼ばれるデミング博士の言葉だ。京子はこの言葉がとても気に入っている。2年前の自分が書いたメッセージを再びかみ締めた。

明日、都築さんに相談しよう。京子はノートと手帳を閉じ、通勤用のバッグにしまった。

＊＊＊

結局、都築と会って話ができたのは翌々日、火曜日の朝だった。

通信販売部の部内全体会議は毎週火曜日の朝イチに行われる。その会議で全社員への周知事項や、マーケティング本部からの通達、宣伝部がいつどんな広告やCMを打つかなどの計画が課長の都築からメンバーに共有される。当然、この会議には毎回都築は必ず出席する。

45分の会議が終わり、メンバー一同会議室から三々五々出てきて自席に戻る。都築もワンテンポ遅れて席に戻った。よし、いまだ。

「都築さん、ちょっといいですか？」

すかさず声をかける京子。このタイミングを逃してはならない。

「ん、どした？　友ちゃん」

都築は京子の右斜め前、上座の席でキーボードをカチャカチャ打ちながら顔を向けた。

「お仕事の進め方をご相談したいと思いまして。30分お時間ください」

「ん。了解。会議室に行こう。先行って待ってて」

都築はいま出てきたばかりの会議室を指差した。

再び会議室。ホワイトボードには朝イチの会議の板書の跡が、うっすら残っている。京子はなんとなくその筆跡を目で追った。「お待たせ、お待たせ。悪いね」

扉が開き、斜め前の椅子にがばっと腰掛ける都築。うっ…お酒臭い！　昨日も飲んでいたんだな。朝まで飲んでいたのだろうか？　赤く腫れぼったい目がすべてを物語っている。一昨日、雪乃が言っていたこと、本当だったみたい…。

「ご相談というのはですね、この通信販売部に『サービスレベル目標』を設定して、業務改善をしていきたいと思っていまして…」

京子は「サービスレベル目標」のところをゆっくり発音した。普段耳慣れない言葉だろうから。次いで説明した。「サービスレベル目標」とは何か？　ここ1週間でわかった通信販売部の問題点は何か？　そして、現状を良くするために設定したい「サービスレベル目標」の中身について。一昨夜まとめたノートを都築に見せながら熱弁する。

「うんうん…いいんじゃない。ぜひ、やってください。確かに僕もこの部署ってみんな、仕事のやり方もバラバラだし、お客さんからのクレームも多いし、何より残業が多いのも問題だなって思っていたからね。いっちょ、改善してよ！」

よしっ！　大枠の合意を得た。京子はひときわ明るい表情で、ありがとうございますと頭を下げた。

「では、ひとまずこの3つを通信販売部のサービスレベル目標に設定して、毎週火曜日の全体会議の後に都築さんに1対1で進捗状況を報告させてください」

京子は両手の人差し指を立てて、1対1のジェスチャーをした。

「よろしく頼むよ」

あくびまじりの声で返す都築。

会えたついでに、他にも気になっていることを都築に聞いてみよう。

「ところで…」

「ウチの部って、システムが…なんでこう貧弱なんですか？　発送指示は手作業ですし、受けたお問い合わせやクレームのデータも残っていない。もっとお金をかけてほしい…」

京子は課長に本音をぶつけた。「ウチの会社、社長はいつも『これからの時代は』なんて言っているわりに、仕事の仕組みは昔のまま。時代錯誤もいいとこですよ」…とは拓郎くんの弁。これればかりは拓郎くんの言うことももっともだ。

胸ポケットから取り出した目薬を、目に2～3滴さす都築。

「確かに古いやり方しているわな。まあ、そもそも通信販売事業自体、唐崎《からさき》副社長の思いつきで片手間ではじめたようなモンだったからねぇ…あ、詳しく聞きたい？」

もちろん聞きたい、知りたい。「よし話してあげよう」そう言って都築は語りだした。

唐崎がルミパルに入社したのはいまから10年前。蔵岡《くらおか》社長の肝入りで、外から引っ張って来られたらしい。当時の肩書きはマーケティング本部長。ルミパルには珍しい外様で、誰もが注目していた。そんな中、唐崎が最初の花火を上げようと立ち上げたのが通信販売事業だ。立上げ当初は本社本館にあり、出だしは好調。新設部署にもかかわらず、スタッフ増員増員の状態だったらしい。唐崎は、本筋の店舗販売の事業でも手腕を発揮し、翌々年には副社長に就任する。ところが、通信販売事業の栄華は長くは続かない。競合他社の参入も多く、業績は下降の一途を辿る。すでに副社長のポストを手に入れた唐崎の関心の矛先は、店舗販売と海外展開のみ。いつの間にか通信販売部は別館に追いやられ、社内でも目立たない部門に。まともなシステム投資もされないまま、いまに至る。ちゃんちゃん。

「ウチの部が部長不在なのも、まあそういうことだ。いまや、わざわざ部長を置くほどの部署じゃないってことなんだろうな。そんなわけで、僕が事実上の責任者になっている」

都築はまんざらでもなさそうな表情で言った。なるほど。だから、都築さんはこれだけやりたい放題できているのね。京子はその言葉を飲み込んだ。

「ところがだ。何でか知らないが副社長、最近になって通信販売事業に再び興味を持ち出したフシがあるんだよね。何でなんだろ」

だったら予算増やしてくださいよって思ったが、なかなかそうもいかないのだろう。いまやれる精いっぱいのことをやるしかない。都築は続ける。

「で、少しでもまともな部署にしておかなければマズいだろうってことで、友ちゃんが呼ばれたってワケ。頑張ってね！」

最後は明るく締める。ううん、喜んでいいのやら悪いのやら…。

いまの会話でこれだけはハッキリした。京子が来た通信販売部は花形部署なんかじゃない。

「過去に一度だけ花形だったことがある」部署だ。京子は微妙な気持ちで会議室を出た。


サービスレベル目標が決まったところで、どうやって現状と目標に対する進捗を把握できるようにするかを考えなくてはならない。そうはいっても、ただでさえ残業過多で忙しいメンバーたち。測定のための仕事を増やすわけにはいかない。通常のオペレーションの中に、いかに測定の仕組みを組み込むかが大事だ。…と、その前に何を測定するべきかしら？　京子はノートを開いて書き出してみた。

①入電件数
- ②そのうち、注文の件数
- ③そのうち、問い合わせの件数
  - ④そのうち、クレームの件数

⑤折り返し電話の件数(＝一次完結できなかった件数)

⑥受注から発送までにかかった日数

うんうん。デスクでひとり頷く京子。周りでは、今日もひっきりなしに電話が鳴りメンバーが慌ただしく対応している。

いまいま、②の注文件数だけは受注管理システムで把握できている。⑥も受注管理システムの登録データを集計すればいけるだろう。問題は①③④⑤をどうとるかだ。システムで自動で測定できればベストなのだが…。

「あ、そうだ」

そういえば、拓郎くんに問い合わせやクレームを記録して管理する仕組みを考えてみてとお願いしたっけ。何かいい案が思いついたか、聞いてみようかしら。京子は突然思い出す。

その拓郎くんは…。あ、あれ…い、いない！

「お腹が痛いって、さっき帰っていきましたよ」

朗らかに答える麻衣香。うん、元気な返事でよろしい…って感心している場合じゃないわ！　まったくもう、これからやるぞってときに…。

早速、出鼻をくじかれる。この部署の業務改善は一筋縄にはいかなさそうだ。京子はエベレストに挑む登山家になったような気持ちで、フロアを見渡す。主任の私がしっかりしなくちゃ。テンション上げていこう。

＊＊＊

水曜日。京子は、朝一番で拓郎のデスクに駆け寄った。

今日は明け方からお日様が顔を出しさわやかだ。開け放った窓からは、秋のようなさわやかな風がそよそよと吹き込む。そのカラっとした空気の中、京子はジメっとした雰囲気の男の横に腰掛ける。彼のデスクは相変わらず色とりどりのフィギュアで賑やかだ。

「…というわけで、入電件数と、問い合わせの件数、クレームの件数を測って、なおかつ問い合わせとクレームの内容を記録して管理できるようにしたいのよね。拓郎くん、仕組み考えてくれた？」

京子は足早に説明する。

「入電件数を測定するって話は初耳ですね…。ええと、手っ取り早くやるなら、エクセルか何かで共通の管理簿でも作って記録していくのが一番じゃないですかね」

重たそうな体をもそもそと動かしながら答える拓郎。

「こんな運用イメージです。メンバーが電話を受ける。それが注文の電話だったら、受注管理システムに記録する。ここまではいままでの仕事のやり方と同じ。問い合わせやクレームの電話だったら、エクセルの管理簿を立ち上げて日時、内容、対応者の名前、お客様の名前と連絡先などを記録する。行数を数えれば件数を把握できますね。入電件数は、受注管理システムの登録件数と管理簿の記録件数を足せば算出できます。どうでしょう？」

なるほど。このやり方ならすぐできそうだし、お金もかからない。いままで個人が思い思いのやり方で記録していた、メモやらエクセルやらの情報も全員で共有できるようになる。難点は、メンバーが受注管理システムとエクセルの管理簿との2つを使い分けなければならず手間なところか。

「それいい！　さっそくやってみよう。ちなみになんだけれど、やっぱり受注管理システムで問い合わせやクレームも一元管理するのは無理かしらね？」

京子は念のため聞いてみた。

「…ううん。一応、受注管理システムの設計書を読んで可能性がないか考えてみますね」

そこは拓郎に任せることにした。ひとまず、エクセルの管理簿で問い合わせとクレームの記録管理を始めよう。

「よろしくね！」

そう言って立ち上がろうとしたとき、京子は机の端に体を引っ掛けた。長い紫の髪の美少女フィギュアがストンと音を立てて倒れる。

「あああああ、僕のフローラちゃんになんてことをっ！　もう、気をつけてくださいよ主任！　この子、昨日の夕方、秋葉原のショップで並んでやっと手に入れたんですから！」

血相を変えてフローラちゃん（？）をなでる拓郎。あ、ごめんごめん。これから気をつけます…って、ん？　んん？　拓郎くん、たしかあなた昨日はお腹が痛くて早退したんじゃなかったっけ？　なるほど、そういうことだったのね…。京子はワナワナと震えた。こいつにプロレス技でもかけてやろうかしら。こういうときのために、日ごろプロレス番組を観て技を勉強しておくべきだわ。

気を取り直して自席に戻る。さっそく管理簿を作らなくっちゃ。京子は自分のパソコンでエクセルを立ち上げた。お客様からの問い合わせ、クレーム、要望などを記録する管理簿。どんな作りにしようかな…。と、そこで京子はあることに気がついた。

あれ…これってもしかして、以前勉強した「インシデント管理」なのかも？

解説

サービスレベル管理

サービスレベル管理とは

業務の運営者が、業務の品質目標・スピード・生産性目標・前提条件などを享受者（顧客など）と合意し維持改善するための管理プロセス。

サービスレベル管理は、業務改善を行う上での肝といっても過言ではありません。サービスレベルとは、その業務の運営者が享受者（顧客など）に約束する業務の品質レベルであり、目指すべき理想の状態です。業務改善に取り組むとき、まず第一にこの理想の状態をきちんと定義し、目標を設定してチームメンバーおよび関係者と合意しましょう。

合意したサービスレベル目標を達成できるようにするための活動を、サービスレベル管理といいます。

サービスレベルとは

業務の品質目標・スピード・生産性目標・前提条件などを、享受者（顧客など）と運営者が合意したもの。

サービスレベル管理とは

合意したサービスレベル目標を達成できるようにするための活動。

サービスレベル管理のポイント3つ

サービスレベル管理を行ううえで大事なポイントは3つです。1つ目は「サービスレベル目標の設定」、2つ目は「現状の把握」、そして3つ目は「測定と報告」です。

❶サービスレベル目標の設定

「業務を改善しなければならない」というのはどのような状態でしょうか?

理想とギャップがある状態ですよね。そのためには、まず最初に理想の状態とは何かを定義し、関係者と意識を合わせておかなければなりません。

たとえば、あなたがハンバーガーショップの店長だとしましょう。「注文を受けてから商品を出すまでの時間が遅い」という課題があったとします。「遅い」……これはきわめて曖昧な表現です。スタッフによって受け取り方が異なる可能性があります。3分以内に出すのを「早い」と思うスタッフもいれば、「遅い」ととるスタッフもいるでしょう。また、現場のスタッフの意識は合っていても、管理する本社の担当者は違ったとらえ方をするかもしれません。

このような意識の違いをなくし、全員で問題意識と改善の方向性をあわせるためには、「遅くない状態」、すなわち「よしとする状態」を決めて合意しておく必要があります。Aさんは「遅い」と思っていても、Bさんは「遅い」とは思っていない。このように意識がバラバラの状態では、スタッフは何をどこまで頑張ったらいいのかわからないですよね。あるいは、自分なりに一生懸命頑張ったにもかかわらず、本社の担当者から評価されずにモチベーションが下がってしまう…なんてこともあるかもしれません。チームが一丸となった改善を行うためにも、まず目標の設定と共有をするべきなのです。

❷現状の把握

サービスレベル目標を達成するには、現状を把握しなければなりません。理想と現状のギャップこそが課題であり、それを解決しなければいけないわけですから。自分たちの現在位置および、目標達成に向けた進捗を把握するためにまず現状をはっきりさせましょう。

❸測定と報告

「自分たちはいまどこにいるのか？」現状の把握、および目標の達成状況を把握するためには常に状況を測定しなければなりません。さらに、それを業務の享受者（顧客や管理責任者）に報告する必要があります。

何を測定するかを決め→定期的に測定し→定期的に報告する。このサイクルをきちんと回しましょう。

サービスレベルはいわば自分たちの業務のよりどころ。それを確認しないことには、何をどれだけ頑張るべきなのか？などメンバー個人の意識も定まらないですし、組織としての管理や改善の方向性も定まりません。

目標設定→現状把握→測定・報告をしっかり行っていきたいものです。

◉サービスレベル管理のポイント

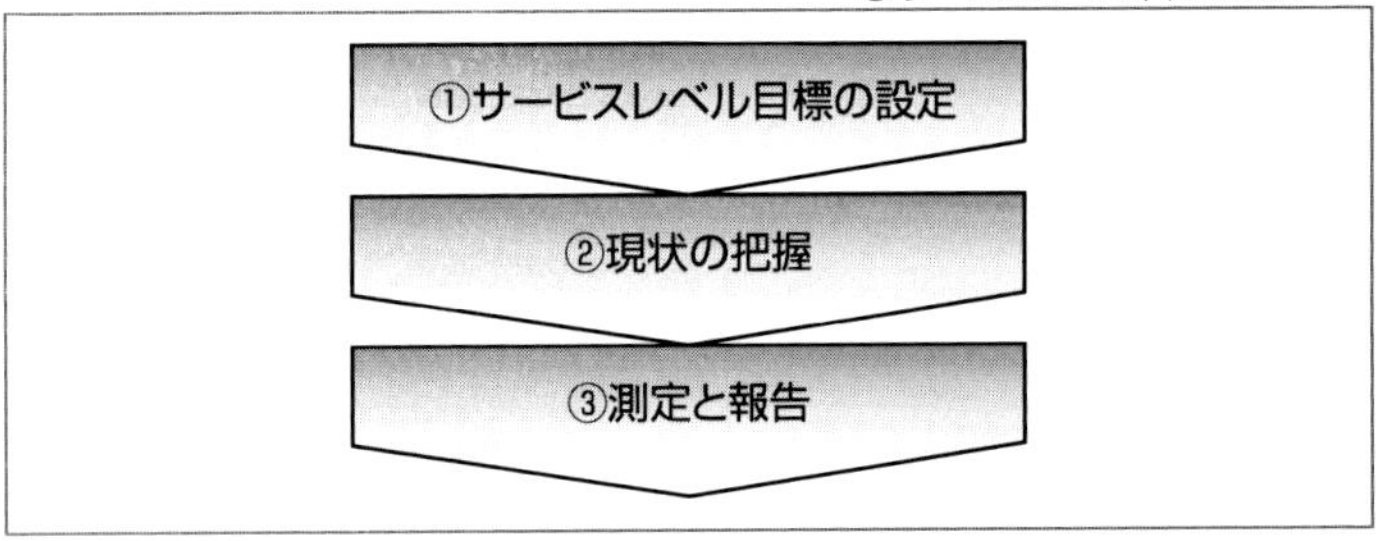

第3章　京子、通信販売部のドタバタにメスを入れる――「インシデント管理」

お客様から受けた問い合わせ・クレームなどをきちんと記録管理し、円滑に対応できるようにする。その一連の流れを「インシデント管理」のフローに沿って設計すればうまくいきそうだ。「インシデント管理」とは、２年前に情報システム部の大井の指導の下、京子が購買部の課題やトラブルを解決するのに導入した手法だ。以来、ミスがぐぐっと減り、またトラブルが発生したときの対応も速くなり、業務の品質が大幅に向上した。もちろん、残業も減った。

京子はあの古びた手帳をバッグから引っ張り出した。その一ページに、こう書いてあった。

『インシデント↓標準のサービスに属さない、業務品質を阻害あるいは低下させる（もしくは低下させるかもしれない）イベント。トラブル、クレーム、問い合わせ、改善提案など。』

『インシデント管理↓インシデントが発生したときに可能な限り迅速に正常なサービスに回復させるための一連の活動』

『〈インシデントの例〉

・業務上のトラブル（例：作業ミス、し忘れ、品質低下）
・システムトラブル（例：業務システムの故障）
・その他、サービスが提供できない状態（例：従業員がほとんど休み）
・通常サービス外の要望や依頼（例：特別に〇〇してほしい。こんなことはできないか？）
・苦情（例：対応が悪い。わかりづらい。責任者を出せ！）
・改善提案（例：注文内容の確認ミスを減らすために、注文書の記載方法を変えてください）
・予防措置（例：半年後にシステムの利用者が倍増します。サーバーを増強しましょう）』

「標準のサービスに属さない」「サービス品質を阻害あるいは低下」なんて言い方だとピンとこない。通信販売部にあてはめるなら、お客様から注文を受けてお届けするまでの一連の流れを滞らせる・止める・改善を促すような事象を「インシデント」ととらえることができる。たとえば、クレーム。これはまさにお客様がこの流れのどこか（あるいは商品そのもの）に感じた不満や疑問を投げかける行為だ。解決しなければ、お客様への円滑な商品提供が滞ってしまうかもしれない。また、クレームや問い合わせに対応している間、私たちメンバーの通常業務も止まってしまう（そして残業を生む）。クレームも問い合わせも立派なインシデントだ。

インシデントをしっかり記録して、分類して、分析して、迅速に対応する一連の流れ、すなわち「インシデント管理」をしっかりやれば、いまの通信販売部のグダグダな状況を打開できるかも。京子はキーボードの上で力強く手を握り締めた。

とにもかくにも、記録が重要。まずは管理簿を完成させなければ。京子は再びモニターのエクセルのシートと向き合う。その1行目に大きなフォントでこう打った。

「通信販売部 インシデント管理簿」

定時の鐘が鳴る。反射的に清美は帰っていった。他のメンバーは相変わらずフロアに残っている。京子も引き続き机の上のＰＣのモニターとにらめっこする。

次にインシデントの分類を考えなくては。お客様から電話を受けたメンバーが、それがどんな種類のインシデントなのかをきちんと把握して分類して、インシデント管理簿にスムーズに記入できるようにしなければならない。「問い合わせ」「クレーム」…それだけ？ 他にはないだろうか？

京子は天井を仰ぐような姿勢で、背もたれに寄りかかる。その度、椅子がきゅっきゅっとしなった。そうだ、メンバーに聞いてみよう。京子は立ち上がり、千早に声をかけた。

「あらあ、ごめんなさい。私、いま問い合わせの対応で手いっぱいでちょっと厳しいわ…そうだ、麻衣香ちゃんに聞いてみたら？ 私よりも、新入社員のフレッシュな視点の意見の方が絶対いいと思うわ！ ね、それがいいわ。そうしましょ！」

エレガントにかわされた。まあ千早の言うことももっともかもしれない。京子は千早の正面の麻衣香を見た。いまの会話が聞こえたのか、麻衣香はにこにこしてこっちを見ている。

「はい！　喜んで。わたしは、いまちょうど手が空いたところなので、いつでもいいですよ」

「ありがとう。じゃあ、会議室で！」

くるりと背を向けて奥の部屋に向う京子。麻衣香もとことこと後に続く。

だいぶ日が長くなった。夜6時を過ぎても外は十分明るい。開けた窓の向こうから、公園で遊ぶ子どもたちの元気な声が聞こえてくる。

「…というわけで、お客様から受けた電話を『インシデント』って形で管理簿に記録していくようにしたいの。で、そもそもお客様からの電話ってどんなものが多いのかを教えて」

京子はほんわかした麻衣香の顔を覗き込む。麻衣香は瞳をパチパチさせて聞いている。それからワンテンポ、いやツーテンポ遅れてゆっくり口を開いた。

「そぉですねぇ…。やっぱり、いまでも目立つのが商品の送り間違いですかね」

頼んでいない商品が届いた。数が多い、少ない。キャンペーンの特典がついていない。

「むむ…しかし、どうしてこんなに発送ミスが多いんだろうね？」

「ううん…商品名がややこしいんじゃないですかね？　ウチの商品、似たような名前のものが多いんですよ。わたしも入りたてのころは何度か聞き間違いしてそのまま発送指示かけてしまったことがあって…それからは復唱してお客様に確認するようにしています」

麻衣香が話すペースはいつもゆったりだ。それがなんだか心地よい。

「他には、どんな電話が多いかな?」

物が届かない。注文した商品がいつ届くのか? 発送に関する問い合わせも多いようだ。

「あとは、化粧水などの瓶の空け方や、保管方法、消費期限など商品そのものに対する質問もちらほらありますね。それと、何日後に届くのか示してほしい、近くの店舗でも買えるようにしてほしいなんてリクエストをいただくこともあります」

なるほど。「問い合わせ」や「クレーム」だけではなくて、「要望」もあるのね。麻衣香の話を一通り聞いた京子は、ひとまずインシデントの種別を次の6つとすることにした。

「1・問い合わせ」「2・クレーム」「3・要望」「4・改善提案」「5・予防措置」「6・その他」

インシデント管理簿の「インシデント分類」の欄をプルダウンにして、メンバーが電話を受けたときにすぐに選択して記録できるようにしておく。京子は会議室に持ち込んだノートパソコンをカチャカチャ叩き、管理簿の項目を埋めていった。

せっかくだから、インシデント管理簿の作りも麻衣香に相談しながら、ここで決めてしまおう。実際に記入する当事者の意見を聞いて作ったほうがいいに決まっている。京子は「ごめんもうちょっと残ってもらってもいい?」と頭を下げ、麻衣香と2人で会議室に残った。

こうしてインシデント管理簿の原案が完成した。

「ふぅぅ。ありがとう。これから、みんなが電話を受けたらこの管理簿を開いて内容を記録していってもらうようにしよう」

京子は次のような流れを考えた。

①メンバーがお客様からの電話を受ける。

②商品の注文であれば、受注管理システムに注文内容を記録する（従来どおり）。注文以外の内容であれば、インシデント管理簿を開く（⇓③へ）。

③「インシデント分類」欄に入電の内容（用件）を分類して記入する。⇓「1・問い合わせ」「2・クレーム」「3・要望」「4・改善提案」「5・予防措置」「6・その他」のいずれかを選択。

④「インシデント件名」「内容」「お客様情報」欄に、インシデントの見出しと具体的な内容、お客様の氏名・連絡先などを記入する。

⑤「登録者」と「登録日時」欄に、電話を受けたメンバーの名前と日付を記入する。

⑥メンバーがその場で対応できるものは対応する。対応が完了したら「ステータス」欄に「4・クローズ」と記入（プルダウンか

◉作成したインシデント管理簿

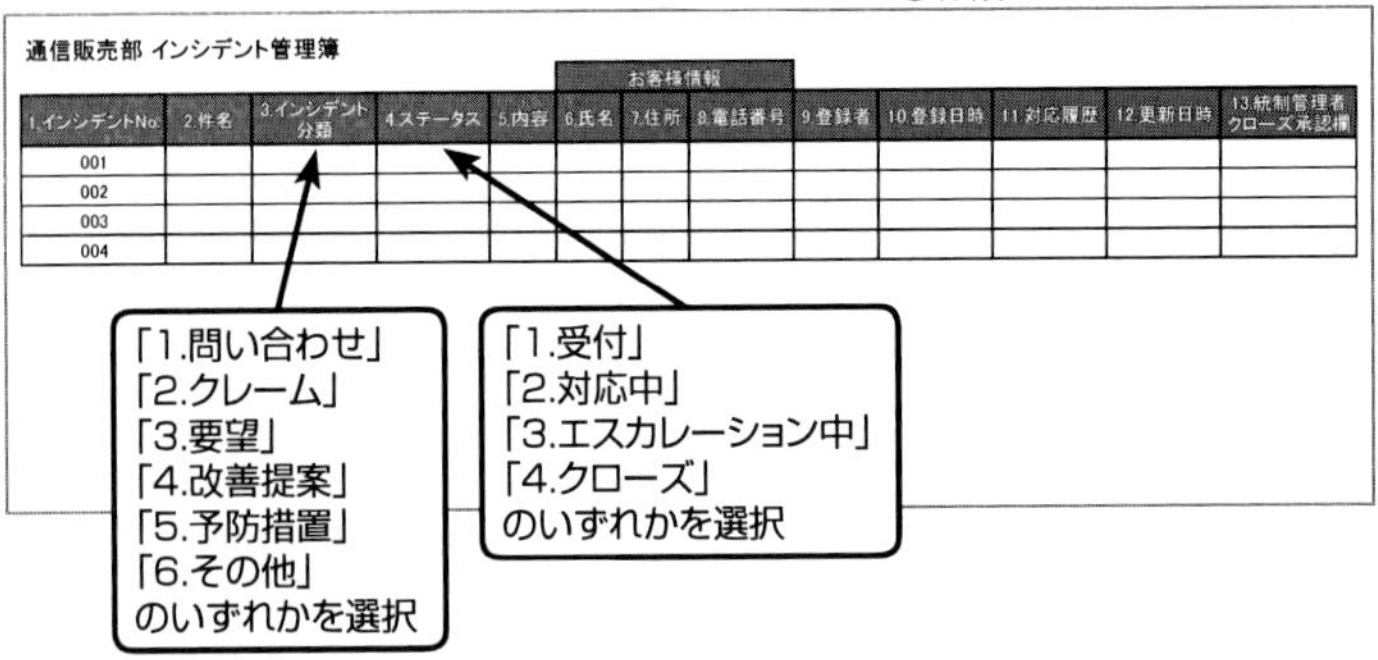

通信販売部 インシデント管理簿												
					お客様情報							
1.インシデントNo.	2.件名	3.インシデント分類	4.ステータス	5.内容	6.氏名	7.住所	8.電話番号	9.登録者	10.登録日時	11.対応履歴	12.更新日時	13.統制管理者クローズ承認欄
001												
002												
003												
004												

「3.エスカレーション中」

ら選択)し、「更新日時」欄に日付を記入する。

⇓これを「インシデントをクローズする」という。

⑦メンバーがその場で対応できないものは、「ステータス」欄に「2・対応中」と記入(プルダウンから選択)し、引き続き対応する。

⑧「対応履歴」欄に、対応の活動履歴を記録する。

⑨統制管理者がインシデントの対応状況を常に確認し、メンバーのインシデント対応を支援する。

⑩統制管理者が通信販売部だけでは対応しきれないと判断したインシデントについて、関連部署などに支援を要請する。　⇓これを「エスカレーションする」という。

「ステータス」欄に「3・エスカレーション中」と記入。

⑪統制管理者がインシデントのクローズ状況を確認し、「統制管理者クローズ承認欄」欄にクローズを認めた日付を記入する。

①~⑧はメンバーの役割。⑨~⑪は統制管理者、すなわち京子の役割だ。メンバーが自力でクローズできないインシデントを把握し解決を助ける。次からはメンバーが自力で解決できるよう対策を検討して実行する(そして、一次完結率を高める)。同じような問い合わせやクレームを生まないようにする(インシデントの再発防止)。

◉インシデント管理簿を利用する際の流れ

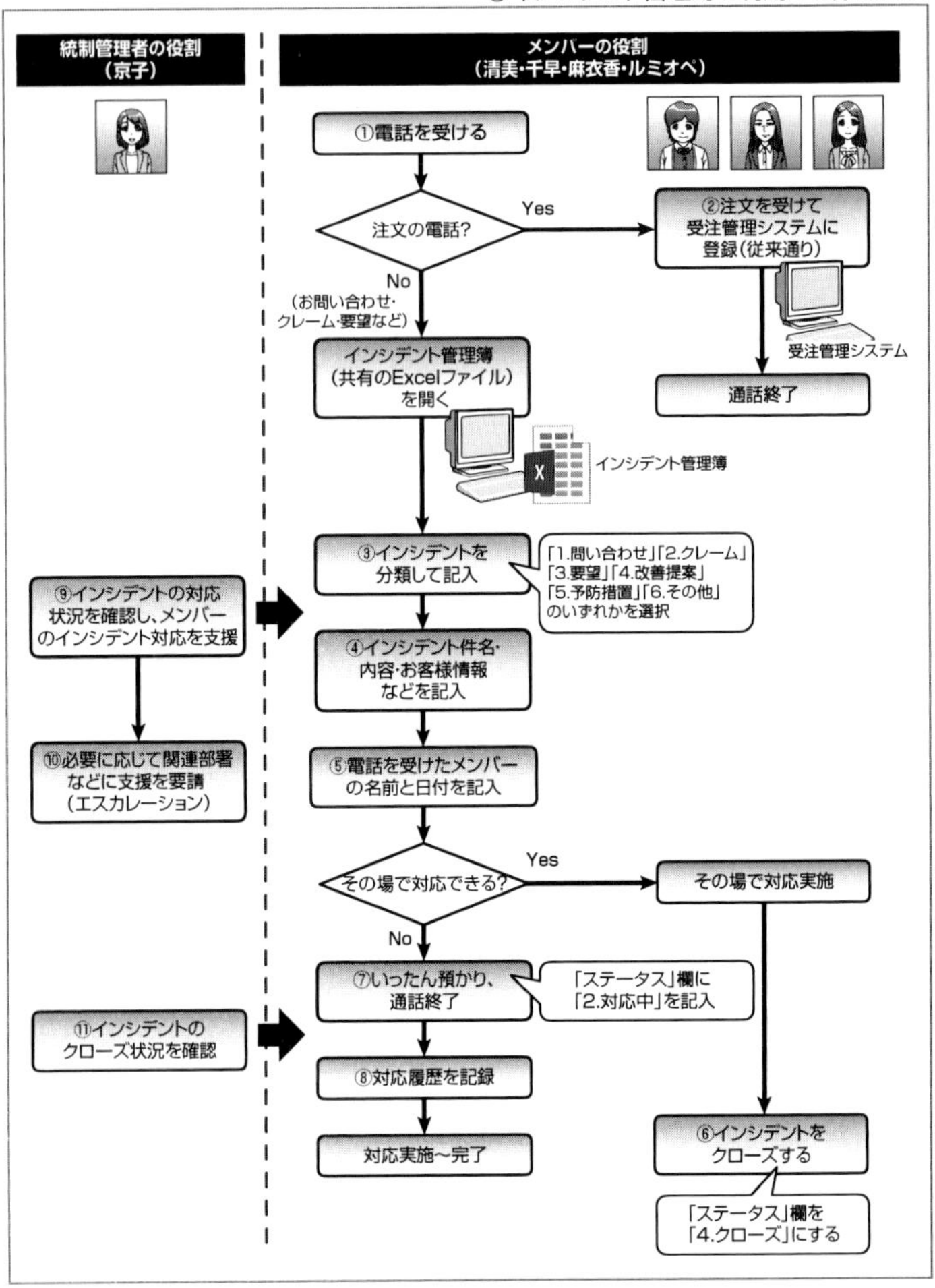

※本来であればインシデントのクローズは統制管理者の承認を経て行うのが望ましいとされますが、ルミパル通信販売部ではメンバー自身が解決してクローズできるものはその場でクローズすることとしました。

とにもかくにも、実態を知らなければ始まらない。まずは1週間、メンバーにこのインシデント管理簿に電話の内容と対応状況を記録してもらい、インシデントの傾向を把握しよう。

「これからもいろいろお手伝いさせてくださいね。京子さんに声かけてもらって、わたしとても嬉しいです。道子さんがいなくなてから、ひとりで仕事していることが多くて…」

ふんわりと答える麻衣香。このふわっとした雰囲気、いいなぁ。癒される。京子は自分にないものを感じてほのぼのする。

時計を見るともう10時を過ぎていた。よし、明日からさっそく運用開始だ！　京子は久しぶりに自分の心のボルテージが高まるのを感じた。

＊＊＊

次の日。梅雨空がついに本性を現したのか、朝から雨がぱらぱらと地面を濡らしていた。これから午後にかけて雨足が強くなるらしい。気がつけば6月も、もう半分が過ぎていた。

京子は朝一番でルミオぺの2名含むメンバー全員を会議室に呼び、インシデント管理の趣旨とやり方を伝えた。しばしの沈黙の後、真っ先に口を開いたのは千早だった。

「なんか手間がかかる感じよねぇ。電話を受けながら記入するって、清美さんどう思う？」

「そうねぇ…いままで以上に対応に時間がかかりそうで、あんまりありがたくないかも」

清美も千早に調子を合わせる。

「頑張ります！」

2人のネガティブな声にかぶせるように、麻衣香が明るく応えた。そこで「まあ、とにかくやってみましょう」と落ち着いた。麻衣香、ナイス！

かくして、お客様から受ける電話の記録管理がスタートした。拓郎が気を利かして、管理簿の「登録者」と「登録日時」欄は自動入力されるように設定してくれた。これで少しはメンバーの手間も省けるだろう。さすが、技術担当（自称だけど）。意外と頼りになる。

日ごろから対応内容を記録し慣れていた麻衣香とルミオぺの2名はさておき、清美と千早は電話を受けながら記録する作業に手間取っている様子だった。インシデント分類でつまずくこともあった。メンバーは、いままで電話の内容を分類するなんて考えたこともなかったから。何度か、「これって『問い合わせ』なんですかね？　それとも『要望』なんですかね？」とメンバーから聞かれることもあった。その都度、京子はメンバーと一緒に悩みながら判断していった。

先週までと比べ、入電が格段に少ないのが救いだ。今週は、新聞の折込チラシやローカル放送でのCMなども打っていない。新しい仕事のやり方に慣れてもらうにはちょうどいい。

午後はさらに入電数が少なくなった。朝はしとしと程度だった雨が、昼休みを過ぎると勢いを増した。雨粒が窓の外のイチョウの樹の葉を打つ音が聞こえる。

電話が鳴り止んだ通信販売部のデスク。麻衣香は、自分のパソコンの画面に映し出されたエクセルのシートとノートを一生懸命読んでいる。

「今朝お客様からいただいたお問い合わせ、確か以前にも似たようなお問い合わせを別のお客様から受けたんです。そのとき、どう対応したかなって思って、見返しています」

えらい！　麻衣香の熱心な態度に心を打たれる。感心ついでに京子は思った。やっぱり、「いつ」「誰が」「誰に」「どんな対応したか」って情報が1箇所にまとまっているって大切よね。

その向かいの席では、千早と清美がおせんべいを食べながらおしゃべりしていた。拓郎はカタカタとキーボードを打っている。画面には、くノ一の格好をした少女キャラのバナーがチラチラしている。アニメのファンサイトに書き込みをしているようだ。せめて、くノ一のように隠れてやっていただけないものかしら。

ボリボリボリ、カタカタカタ…。

おせんべいを食べる音と、キーボードを叩く音がこだまするフロア。このシーンだけを切り取ったら、暇な部署にしか見えない。

定時を過ぎた。初日のインシデントの状況を見てみようと、京子はインシデント管理簿のエクセルのシートを開いた。

「何これ…ほとんどクローズできていないじゃない…」

京子は思わず叫んだ。ステータス欄は「2・対応中」のオンパレード。さっきまでののんびりムードはいったいなんだったのかしら…。

「あの、千早さんこの『2・対応中』になっている問い合わせなんですけれど…」

A3の紙に印刷した管理簿を見せながら、京子が声をかける。穏やかに、穏やかに…。

「あら、京子ちゃん。これね、ちょうどいまお客さんに連絡して対応しようと思っていたところなのよ。グッドタイミングね！」

千早はにこっと作り笑いをし、とってつけたように発信用電話の受話器を取る。

残って対応している千早はまだいい。帰宅してしまった清美の対応状況が気になる。

京子は席に戻って、インシデント管理簿を開き「登録者＝塙」でソートする。清美が登録したインシデントは全部で5件。ものの見事にすべて「対応中」の問い合わせ。内容は、製品の成分や、ルミパルショップでの取り扱い状況など調べればすぐ回答できそうなものばかり。

これ、明日対応するつもり…ですよね、清美さん！　京子はメンバーを信じたかった。

ひととおりインシデントの対応状況を確認した後、京子は奥の会議室にこもる。

会議室の正面、ホワイトボードの真上に張り出した3つのサービスレベル目標を眺めた。

●オペレーションミス　0件
●電話対応の一次完結率　80％
●注文を受けてから発送までのリードタイム半日以内。リードタイム遵守率　90％

さて、この3つの目標を達成するためにどうしよう？　そもそもこの目標が妥当なのかすらわからない。だからこそ、インシデント管理を始めて実態を把握するのだが、インシデント情報がたまるまでぼおっとしているのも落ち着かない。やれるところから手をつけよう。

京子は腕組みをして考えた。そのとき、扉がカチャっと音を立てて開いた。

「何か、わたしにお手伝いできることありませんか？」

麻衣香がちょこんと立っていた。定時後の折り返し電話の対応はすべて終わったらしい。胸に大きなノートを抱えている。

それはとても助かる！　電話対応の一次完結率をどうやったら上げられるか、それと発送までのリードタイムをどうしたら短縮できるか一緒に考えてもらおう。オペレーションミスの削減策は、インシデントの情報がもう少したまってから改めて考えることにして…。

「ありがとう！　じゃあ、また残業させちゃうけどちょっとつきあってもらえるかな？」

「はい！」

嬉しそうに駆け寄る麻衣香。いい新入社員に恵まれたなぁ。京子はにんまりしながら、部屋の真ん中に鎮座するプロジェクターをオンにした。今日1日で管理簿に記録されたインシデントを麻衣香と一緒に眺めるためだ。京子はノートパソコンをつなげ、「インシデント管理簿」のエクセルのシートを会議室の壁に投影した。

今日受け付けた問い合わせとクレームのうち、ステータスが「対応中」になっている（＝クローズしていない）インシデントを抽出してみよう。どうしたらその場で即回答してクローズできるようにできるかを、麻衣香と考えてみたい。

クローズできていない問い合わせとクレームは次の7件だった。

- 化粧水の保管方法
- ファンデーションの製品の成分について
- 去年買った「きらきら美肌クリーム」。まだ販売されているか？
- サプリメントの成分について。子どもに飲ませても大丈夫か？
- ホワイトニング取り扱い店舗について
- 土曜日に注文した商品がいつ発送されるのか？
- 今日注文した商品はいつごろ届くか？

商品に対する質問、発送に関する質問。色とりどりだ。

一見すると、なぜその場で答えられないのかと思うようなものも多い。

「麻衣香ちゃんは、どうやったらこれらの質問にその場で答えられるようになると思う？」

京子は率直に聞いてみた。

「そうですねぇ…。保管方法や成分は、商品カタログを見ればすぐ答えられると思います。私は入社時にもらった商品カタログをいつも手元において、その場で答えていますよ」

スラスラと答える麻衣香。京子はうんうんと頷いて話を聞く。…ていうか、なんでみんな商品カタログ持っていないのよ。私ですら袖机の引き出しに入れているっていうのに。

「『きらきら美肌クリーム』って、ごめんなさい。わたし聞いたことありません。カタログで見たことないから、生産中止になっているんじゃないかなぁ…」

麻衣香は自信なさげに言った。そのクリームは確かに、麻衣香の言うとおり今年の3月末で生産中止になっているはずだ。これも、最新の商品カタログを見ればすぐ答えられるはず。

「サプリメントを子どもに飲ませて大丈夫か？　…これはカタログには書かれていないですね。どうしましょう？」

これはお客様相談室につないだほうがよさそうだ。通信販売部では答えられないし、答えてはいけない。対応者は「広町　千早」となっている。千早は明日以降、この問い合わせにどう対応するつもりだったのだろう？　京子は不安になった。続けよう。

「ホワイトニングの取り扱い店舗…ああ、こういう問い合わせ多いですね。通販カタログに載っている商品を、直接お店で購入したいっておっしゃるお客様少なくないんです」

「え、それって『ルミナビ』で調べて回答すればいいんじゃないの？」

京子は即答した。「ルミナビ」とはルミパルが一般消費者向けに提供しているインターネットサイトで、どの商品をどの店舗で買うことができるかを検索できるサービスだ。通信販売でしか取り扱いがない商品については、「通信販売のみ」と表示される。京子も自分が日焼け止めクリームを買うときは、必ず「ルミナビ」で検索してからお店に行っている。

「わたしは新入社員研修で習って『ルミナビ』を知っていましたけれど…皆さんご存知なのかしら？　それに、商品の取り扱い店舗情報については、なぜか国内マーケティング部の販売情報管理チームに確認して聞いてからお客様に答えるやり方になっていて、わたしも『なんでかな？』って思いながら、いつも国内マーケにメールや電話でいちいち確認していました」

「あ、それに…」

麻衣香はうつむいた。言いにくいことを思い出したようだ。どうしたの？　何でも言って。ここだけの話にするから！　京子は麻衣香の緊張をほぐした。

「千早さんなんですけれど…うちでは答えられないのでお客様相談室にかけ直してくださいってお客さんに案内していること、たまにありますよ。忙しかったり、イライラしているときは咄嗟にそうしちゃうみたい…」

これはまずい。人によって、それも気分によって異なる対応をしているだなんて！

そもそもこの部署には、対応方針ってものがないのかしら？　…まあ、いまのグダグダな現状が「そんなもの、あるわけないじゃないか！」って言っているのでしょうけれど…。

「商品がいつ発送されるのか？ってお問い合わせも相変わらず多いよね。これ、なんで即答できないのかしら？　普通、通常は2日以内に発送しますみたいな目安ってあると思うんだけれど、それすら回答していないってこと？」

京子は気を取り直して聞いた。

「その…そもそも通常何日以内って目安が設定されていないと思います」

「いつもどう答えているの？」

「ご注文をいただいてから、だいたい2日以内には発送していますって答えている人もいますね。それでも届かないっておっしゃるお客様には、一度電話を切って、受注管理システムを立ち上げて配送センターが出荷した日付を調べて、折り返しお電話してお伝えします」

「答えている人もいます…か。そうじゃなくて、第一声で『通常2日以内に発送いたします』ってお答えするようにしたらどうかしら？　あともう1つ。電話切る必要ないよね。保留にしたまま受注管理システムを見て、その場で出荷日時をお伝えしたら折り返し電話いらなくなると思うんだけれど…」

麻衣香は眉を上げて「なるほど」という表情をした。あらら、いままで誰も気づかなかったのかしら。まだ経験が浅い麻衣香ちゃんは仕方がないにしても。

皆が皆、いままでのやり方が当たり前だと思っていて疑問を持つことなんてなかった。ましてや実質的に管理者が不在だったこの組織。変える動機が生まれるわけがない。京子は2年前の購買部を思い出した。あのときと同じ…いや、ここはそれ以上に酷い。

あ、そうそう。発送までのリードタイムの短縮も検討しなくちゃ。そもそも「いつ商品が発送されるのか？」って問い合わせが多いのは、リードタイムが長すぎることによるところも大きい。「通常、ご注文をいただいてから半日以内に発送します」を謳えるようにしたい。

9時を少し回った。残業ついでだ。もう少し頑張ろう。大丈夫、元気は売るほどあるんだから。麻衣香も目をきらきらさせながらノートを取っている。

「次に、発送リードタイムを短くする方法を考えたいんだ。いま、注文を受けてから1日から2日かかっているのを…土日を挟むともっとかかるよね…これを、半日以内に発送できるようにしたいの。少なくとも、午前中から午後イチに受けた注文分はその日のうちに発送する。全部の注文のうち、90％は半日以内に出荷できるようにする。これが目標」

京子はマーカーを手に取り、ホワイトボードの真ん中に「現在：1日～2日⇓半日以内（目標：全注文の90％）」と書いた。

「ところで、麻衣香ちゃんは現状なんで発送までに2日もかかっているんだと思う？」

あえて麻衣香に尋ねてみた。

「ううん…ううん…。そうだ、配送センターに発送指示をかけるタイミングが1日1回しかない…からじゃないでしょうか？　しかもそれが夕方5時っていうのがネックなんじゃないかって思います。朝一番で受けた注文でも、発送指示をかけるのは夕方。そこから配送センターがその日のうちにできるのは、商品の準備と梱包までですからね。実際に出荷されるのは、早くて翌朝。ううん、いまどきちょっとのんびりしすぎですよね！」

うんうん。いい感じだよ、麻衣香ちゃん。

「じゃあ、どうすればいいだろう？」

京子の質問は続く。

「ええと…そうだ。センターへの発送指示を1日3回に分けてかけるようにしたらどうでしょうか？　たとえば、12時と、3時と、5時…みたいに」

いい提案だ。麻衣香は話す速度こそとてものんびりだが、頭の回転は速いようだ。

「それいい！　でも、配送センターが嫌がらないかしら。ちょっと気になるなぁ」

頬杖をついて首をかしげる京子。

「大丈夫だと思いますよ。配送センターって、ほとんどが国内マーケティング部から依頼されるルミパルショップの店舗への発送指示がメインで、常にそれなりの人数がいて対応してくれますから。通信販売部からの発送指示の数なんて、微々たるものです」

「へえ。麻衣香ちゃん、詳しいんだね」

「はい。新入社員研修で、配送センターを見学したときにセンター長さんが言っていました」

麻衣香は初々しい笑顔で答えた。

「むしろ、いまのように定時間際に一斉に発送指示をかけられるよりも、小分けでバラして依頼したほうがありがたがられるんじゃないでしょうか？」

それもそうだ。配送センター側の業務負荷分散や残業削減にもつながるかもしれない。


立ち上がって後ろを振り返り、ホワイトボードの右端に板書し始めた。「発送指示のタイミング　現在：1日1回（17時のみ）⇓1日3回（12時、15時、17時）」

これはすぐにでも始めたい。が、通信販売部の一存では決められない。念のため、都築さんと一緒に配送センターのセンター長に話しを通しておこう。

「ありがとう！　私が配送センターと話をして承諾が得られ次第、1日3回に変更しましょう。それができれば、『通常半日以内で発送します』ってお客様にアナウンスできるわね」

それまで、お客様への発送タイミングのご案内は「通常2日以内」で統一することとした。

麻衣香は自分のアイディアが採用されて、とても満足そうだ。


それから、もう1つ…。一次完結率を上げるために、麻衣香ちゃんにぜひ頼みたいことがある。

「麻衣香ちゃんにお任せしたいお仕事があるんだけれど。『FAQ』を作ってもらえるかな？」

「エ、エフエーキュー…って何ですか？」

FAQ=Frequently Asked Questionの略で、よくあるお問い合わせとその対応をひとまとめにしたドキュメントなどを指す。コールセンターのオペレーターはFAQを手元に置き、問い合わせやクレームに速やかに回答できるようにしている。京子は手短に説明した。

「どうかな？　インシデント管理簿に溜まったインシデントを毎日チェックして、その中からよく受ける問い合わせとクレームをピックアップする。それを、対応事例と一緒にエクセルでまとめればFAQの出来上がり。電話対応するときに必ずFAQを見るようにすれば、みんなその場でスムーズに回答できるようになって一次完結率は上がるし、応対の時間も短くなる。人による回答のバラツキもなくなる。いいと思わない？」

「FAQ…ですね。なんだか、通信販売のコールセンターで働いている！って実感がわいてきました。わたし、やります！」

麻衣香は両手のこぶしを握り締めて、「頑張ります！」のポーズをした。彼女の反応はいつもポジティブだ。私も新入社員のときは、きっとこうだった…んだよね（たぶん）？　私も頑張らなくちゃ！　京子は心でそっとつぶやいた。


この打ち合わせで、次の4つが決まった。

①発送タイミングは「通常2日以内」でお客様にご案内する。
⇓「通常半日以内」の実現可否は、京子が都築と一緒に配送センターと検討する。
②メンバー全員の手元に商品カタログを置くこととする。
⇓京子が国内マーケティング部にかけあって、人数分のカタログを手に入れる。
③商品の取り扱い店舗についてのお問い合わせは、「ルミナビ」を見て即答する。
⇓京子がメンバー全員に「ルミナビ」の存在と使い方を教える。
④FAQを作成する。
⇓麻衣香が毎日インシデント管理簿を確認して作る。

いけない！　また10時を過ぎちゃった…。京子は決定事項を板書しつつ時計を見た。
2人は戸締りをして、深夜のルミパル本社別館を後にした。

＊＊＊

次の日のお昼過ぎ。京子は都築と2人、配送センターの会議室でセンター長と対面していた。グレーの作業着が良く似合う大柄な男性。ガタイのいい体が、パイプ椅子からはみ出ていた。扉の外からは、台車を転がす音やダンボールを積む音がけたたましく聞こえる。

「お安いご用です。通信販売部さんからの依頼は数も少ないですし、十分対応できます。もともと、国内マーケからの依頼分は11時、2時、5時、7時の4便で出荷していますから、通信販売部さんからの依頼もそこにのせましょう。いま、通販さんからは5時過ぎに一気に依頼がきて、一部は7時、残りは翌日11時分にのるようドカっとまとめて作業していたんですが、結構慌ただしくてね。バラして依頼してもらったほうがこっちとしても助かります！」

センター長はあっさり賛成してくれた。麻衣香の予想どおりだった。センター長の話では、12時に発送指示したものは2時の便に、3時のものは5時、そして5時のものは7時または翌朝11時の便で出荷できるとのことだ。発送タイミング＝通常半日以内が実現できそうだ。

さっそく発送指示の運用を変更しよう。明日から、配送センターへの発送指示は12時と3時と5時の3回に分けることにする。決定！　京子は通信販売部のフロアに戻るとすぐに全員を集めて新しい運用の説明をした。ついで明日からは、お客様から発送タイミングを聞かれたら「通常半日以内」とご案内するようにと言った。

千早と清美は「出荷センターへの階段の上り下りが増えるのがメンドクサイ」とぶつぶつ言っていたが、気にしない。すべてはお客様のためであり、メンバーのオペレーション効率アップのためでもあるんだから。

「一歩一歩、良くしていくんだ」

京子は瞳を輝かせた。

解説

インシデント管理

「トラブル」「クレーム」「無茶な要望」など、業務の円滑な運営を阻害するものごと（インシデント）に迅速に対応し、業務の中断を最小限に抑えるための管理プロセス。

インシデント管理とは

あなたの職場がトラブルやクレームだらけで困っているなら、ぜひ、インシデント管理を始めてみてください。

「トラブルが多くててんやわんやしている」「現場でどんなトラブルやクレームが発生しているのか整理したい」「誰がどんな対応をしているのかを共有できるようにしたい」「対応履歴をきちんと残したい」…そんな悩みを解決してくれることでしょう。インシデント管理は、エクセルのシート1つあれば今日からでも始めることができます。

その前に、インシデントとは何か、インシデント管理とはどういうことか、どんな活動を行ったらよいのか(フロー)を解説します。

インシデントとは

標準の業務(サービス)に属さない、業務(サービス)品質を阻害あるいは低下させる(もしくは低下させるかもしれない)イベント。トラブル、クレーム、問い合わせ、改善提案など。

インシデント管理とは

インシデントの発生を検知し、インシデントが発生したときに可能な限り迅速に正常な業務(サービス)に回復させるための活動。

〈インシデントの例〉

- 業務上のトラブル(例：作業ミス、し忘れ、品質低下)
- システムトラブル(例：業務システムの故障)
- その他、サービスが提供できない状態(例：従業員がほとんど休み)
- 通常サービス外の要望や依頼(例：特別に○○してほしい。こんなことはできないか?)
- 苦情(例：対応が悪い。わかりづらい。責任者を出せ!)

- 改善提案(例：注文内容の確認ミスを減らすために、注文書の記載方法を変えてください)
- 予防措置(例：半年後にシステムの利用者が倍増します。サーバーを増強しましょう)

インシデント管理の活動

インシデント管理プロセスでは、主に次の9つの活動を行います。

❶インシデントの識別

検知。運営者がユーザ(利用者)の申告、または運営者の内部申告を受けてそれがインシデントかどうかを識別します。

❷インシデントの記録

インシデント管理簿に、インシデント情報(番号、件名、受付日時、受付者、通知者など)を記録します。

❸インシデントのカテゴリ化

「トラブル」「問い合わせ」「要望」「苦情」など、インシデントの種類を分類します。

❹インシデントの優先度づけ

インシデントの対応優先度を決めます。通常、優先度＝インパクト×緊急度で決定します。

❺インシデントの初期診断

運営者がその場で解決できるインシデントは解決します。既知のインシデント情報や、FAQ（よくある問い合わせの対応事例集）の充実がカギです！

❻エスカレーション

❺で解決できないインシデントや未知のインシデントの場合は、解決する能力や知識を有する人や組織にエスカレーションします（例：システムトラブルの場合はシステム部門へ、業務ルールに関するインシデントの場合は業務部門へ）。

❼調査と診断

運営管理者（統制管理者）またはエスカレーションされた人や組織は調査と診断を実施し、解決策を検討します。

❽解決と復旧

インシデントを解決します。

❾インシデントのクローズ

インシデントの解決をユーザ(利用者)または運営者内部で確認・合意し、インシデント管理簿の当該インシデントのステータスを「クローズ」にします。

京子は、ひとまず通信販売部のあいまいな実態をきちんと把握することを目的に、インシデント管理簿を用意してメンバーへの記入を義務づけました。そして、京子自身が統制管理者となりインシデントの迅速な対応およびサービスレベル目標の達成をサポートすることにしました。

◉インシデント管理のフロー

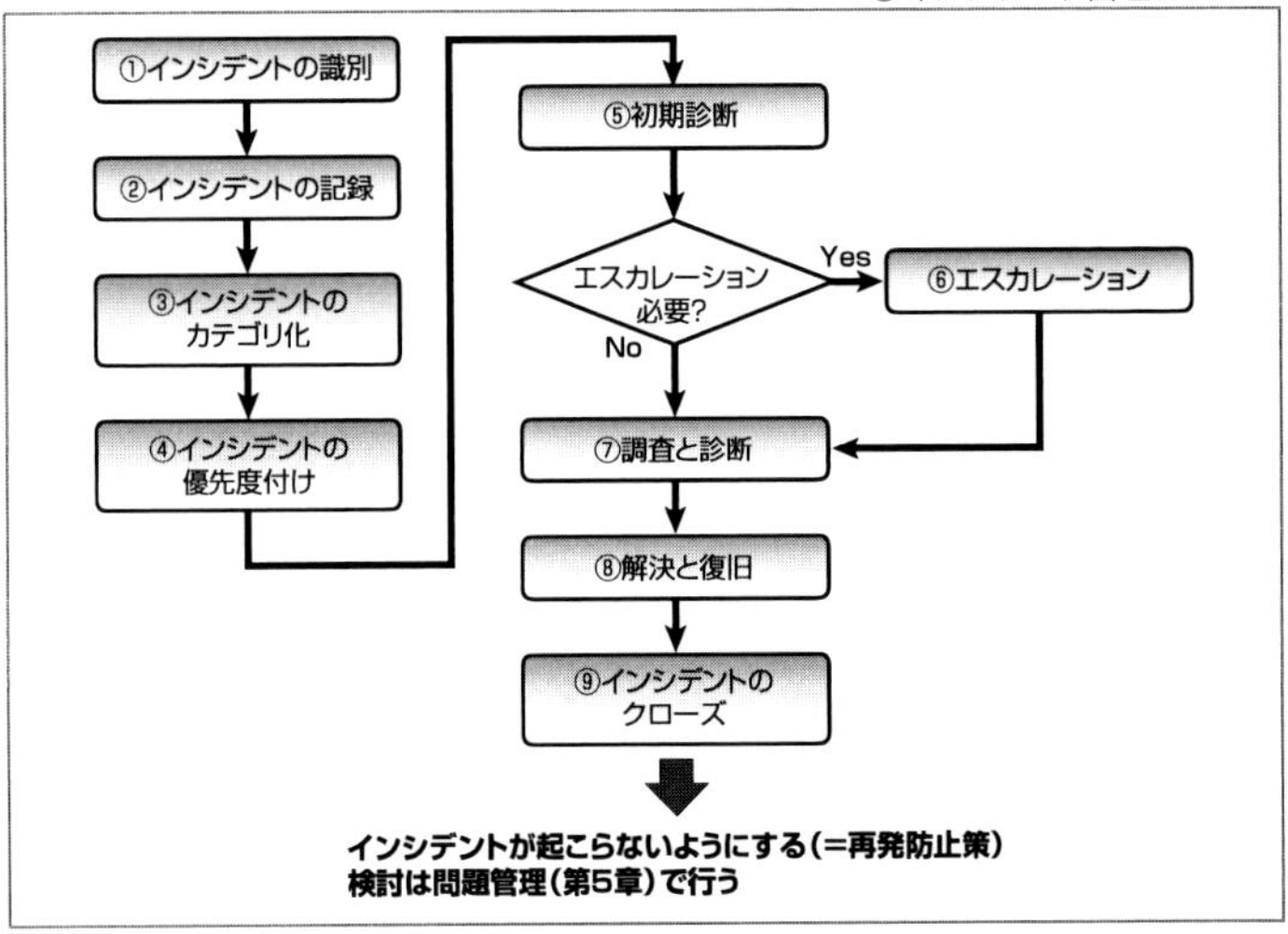

第4章　京子、メンバーからの改善提案を取り入れる――「内部申告のインシデント」

２週間が過ぎた。カレンダーが一枚めくれ、今日から7月だ。窓の外のイチョウの樹からはセミの声が聞こえてくる。町も自然も、着実に新しい季節に向けて装いを変えている。私たちも止まっていてはダメだ。変わらなければ、変えなければいけない。京子はまだ誰もいない朝イチのオフィスの窓辺に立ち、気持ちを新たにした。

この２週間、麻衣香は毎日夜遅くまで残業してＦＡＱを作ってくれていたようだ。１週間前には、ＦＡＱ第一弾を完成させ、メンバー全員と共有した。京子は昨日まで１週間、入社４年次研修で伊豆の山奥にこもっていたため、ＦＡＱの効果を把握できていない。インシデント管理簿を確認して、電話対応の一次完結率の変化を見てみよう。京子はドキドキしながら、デスクトップのショートカットをダブルクリックし、管理簿が立ち上がるのを待った。

インシデント管理をはじめた6月16日と17日の電話対応の一次完結率は55%。約半分の問い合わせに自己回答できていなかったことが証明された。この直後に、メンバー全員に商品カタログを配布し、かつ商品の店舗取扱情報を「ルミナビ」を見て回答するよう指導した。その結果、1週間後の6月23日には63％まで向上している。そして、麻衣香が作ったFAQの第一弾を利用し始めて1週間が過ぎた昨日、一次完結率は68％にまでなっていた。管理簿を見る限り、FAQでカバーしている問い合わせは皆、確実に一次回答できている。

「とりあえず置いた80％って目標値、あながち間違ってはいなかったのかもしれない…」

京子は誰もいないオフィスでつぶやいた。

さて、問題はその場で回答できていないインシデントをどうするかだ。京子は未クローズのインシデントを画面に表示した。京子は3つの特徴を見だした。

①「注文したのと違う商品が届いた」「キャンペーン特典が入っていない」など、オペレーションミスが原因と思われるクレームが依然、目立つ。
②「商品はいつ届くのか？」「届かない」といった、発送に関する問い合わせも目立つ。
③受付日から1日以上たっても「対応中」になったままの問い合わせ、すなわち「放置」が目立つ。

①についてはまだ何ら対策を講じていない。アクションを練らなければ。
②はリードタイムを半日に短縮した効果か？　数は減ってはいるものの、いまだにそれなりの数の問い合わせが寄せられている。即日配送を謳う通販やインターネットショッピングに慣れた最近のお客様は、なかなかせっかちなようだ。

③は由々しき問題だ。とくにこの1週間は京子が不在だったからか、メンバーのお尻を叩く人がおらず、未回答のままになっている問い合わせがパラパラある。
京子は再び管理簿をざっと見渡した。たまたま、そのうちの1件が目に留まった。

『インシデント番号：270　分類：問い合わせ　お客様氏名：二葉 和浩(40歳)　件名：1月に購入した化粧品について。　登録者：塙 清美　ステータス：2・対応中』


へえ、男性からの問い合わせもあるんだ。それ以上は気にもせず、京子はインシデント管理簿を閉じた。

珍しく、都築が朝イチで通信販売部のフロアに顔を出した。そうだ、サービスレベルの進捗を都築さんに報告しよう。京子は都築を会議室に呼んだ。

「…というわけで、一次完結率はもう少しで目標達成できそうです。リードタイムも、目標達成できています。今後は、『オペレーションミスをいかにして減らしていくか？』『電話対応の効率を上げるにはどうしたらいいか？』について検討していきたいと思います」

京子はインシデント管理簿のサマリーデータを見せながら説明した。

「うんうん。こうして数字で見せてくれると、普段いない僕にもわかりやすくて助かるよ」

目を細める都築。今日はアルコール臭はしない。昨日は深酒せずに帰ったらしい。

「新入社員の山中さんが、頑張ってＦＡＱを作ってくれてメンバーに展開してくれたんですよ。その効果もさっそく現れています」

「そうか。あの娘《こ》、ほんわかして大丈夫かな？って思っていたんだけれど、しっかりやってくれているんだな。友ちゃんの育成のおかげじゃないの。さすが！」

褒められると素直に嬉しい。気をよくした京子は続けた。

「さらにレベルアップを目指し、問い合わせの対応時間や件数なども数値化して効率を上げていきたいと思います。効率重視の職場に変えましょう！」

意気込む京子。都築は紙コップのお茶を一口飲んだ。２〜３秒間を置いて都築は質問した。

「ところで、友ちゃん。なんで数字って大事なんだろうね？」

？？？　何をいまさら？　あるべき状態と現状のギャップを定量的に示し、あるべき状態に近づくためじゃないですか？　測定できないものは改善できないですから。

そう答えようとしたとき、都築の口が再び開いた。

「いや、なんていうかね…もしかしたら、数字に表れない部分にこそ大事な何かがあるんじゃないかな…って。真実なんて言ったら大げさかな？　あ、これは単なるつぶやきです。僕の言うことは、気にしなくていいよ！　友ちゃんのやり方で、どんどん改善進めてください」

そんなこと考えたこともなかった。まあいいや、ひとまず忘れよう。

「ところで、オタクくんの様子は最近どうよ？　あいつ、先週もだいぶ残業していたみたいだけれど、なんか忙しいのかね。とりあえず残業申請は承認しておいたけどさ」

そういえば、このところ拓郎くんのことを気にかけていなかったな。受注管理システムでインシデントも管理できないか検討するようお願いしたままだ。

「あとで、拓郎くんに仕事の進捗状況を確認します。では、失礼します」

そういって、京子は会議室の席を立った。


席に戻ろうとしたところで、千早とすれ違った。

「あら、京子ちゃん。今日はまた素敵なブラウスね。スカイブルーでとっても爽やか。もしかして、今夜はデート？　毎日遅くまで仕事してばかりじゃダメよ。おほほ」

いつものように、軽快なトークを浴びせてくる。そうだ、千早さんと清美さんにインシデント管理簿の使い勝手を聞いてみよう。

「たまにはデートしたいですねぇ。そうそう、千早さん、清美さん。インシデント管理簿。使ってみてのコメントをいただきたいんですけれど、いいですか？」

京子は目の前の千早と、その奥に座っている清美の背中に交互に目線を送った。

「ああ、あの管理簿ね。ううん。やっぱり、電話対応しながら、受注管理システムとインシデント管理簿の2つを使い分けて操作するって、ちょっと面倒よねぇ。そうよね。清美さん！」

突然、音量をあげて清美に話しを振る千早。その声で清美が振り返る。

清美の感想も同じだった。やはり、受注管理システムとインシデント管理簿を統合できないものかな。京子は自席に戻らず、そのまま拓郎の席に向った。

久々に眺める拓郎の後ろ姿。気がつけば、机の上の美少女フィギュアの制服も冬服から夏服に変わっていた。…と、そんなところで季節感を感じる自分が悲しい。そおっと拓郎のパソコンの画面を覗く。映っているのは、受注管理システムの設計書…ではなくて、何これ、未来の飛行機か何かの設計図？

「へぇ。面白うそうなもの見ているわねぇ…」

「おおお、主任もこういうのお好きですか？　これは、8月から関西のテレビではじまる未来警察アニメの主人公が乗る戦闘機なんですよ。事前に予習をしておかないとですねぇ…」

京子の突っ込みに、悪びれる様子もなく蘊蓄《うんちく》を語りだす拓郎。…私が研修でいない間、毎日遅くまで残って何していたのよ！

「ところで、拓郎くん先週も毎日夜遅くまで残って頑張っていたみたいだけれど…？」

なるべく、極力、さりげなくそして穏便に先週の残業理由を問う京子。

「もちろん。このフロアの監視ですよ。山中さん、遅くまで残っていましたしね。主任がいない間、メンバーを管理するのは僕の務めですから。はははは」

あっさり答えたよこの人。責任感のバランス感覚がおかしい。

「で、お願いした受注管理システムとインシデント管理簿の統合検討、どんな感じかしら？」

「あ、そんな話しありましたね。そろそろやらなきゃなって思っていたところですよ。主任」

…この人、仕事をナンだと思っているの⁉　落ち着け、落ち着くんだ私。京子は呼吸を整えてから、腰をかがめて男に語りかける。

「ちょっと耳貸して」

拓郎は照れながら体を京子のほうに傾けた。椅子がミシミシっと苦しそうな音を立てる。

「あのさ、拓郎くんって情報システム部にいきたいんだよね。情シスの人たちといまからやり取りしておけば顔が売れて、そのうち『じゃあ情シスにおいでよ』ってなるかもしれないよ」

京子はひそひそ声で伝えた。ほほう、その手があったか！って表情をする拓郎。相変わらず目を合わせようとはしないが、頬の肉がニッと緩んだのを京子は見逃さなかった。

「さっそく、情シスに連絡を取って設計書を見せてもらうことにします」

拓郎は淡々と受話器を取り上げ、内線電話をかけた。案外、思考回路は単純なのかもしれない。やれやれ、これで少しは仕事が捗ればいいのだけれど…。頼んだよ、技術担当さん！

いつものように午後の時間が過ぎ、いつものように定時の鐘が鳴る。そして、いつものように清美はささっと帰っていった。

さてと、これからオペレーションミスの削減、そしてその他の課題の対策を検討しなくては…と思ったらお腹がググっと鳴った。最近、よく頭を使うからかお腹が減って困る。何か買いに出かけようかと、バッグから財布を取り出そうとしたその時。

「京子さん、駅前にオープンしたパン屋さんにサンドイッチ買いに行きません？」

麻衣香がにこにことやってきた。行こう、行こう。2人は、財布を片手にいそいそとフロアを出た。出掛けに、京子は拓郎のパソコンの画面を背後からチラ見した。今度は、システムの設計書らしき文書が表示されている。やっとやる気になったみたいだ。

紙袋を片手に戻ってきた若手女子たち。そのまま会議室に直行した。まずは腹ごしらえだ。京子は、待ってましたとばかりにローストチキンサンドを机の上に載せて、かぶりついた。直火焼きのローストチキンのパリッとした皮の食感、ジュワっとした肉の風味、そこにレタスのみずみずしさが加わる。粗引きマスタードのピリリとした辛さもたまらない。麻衣香は一回り小さいフルーツサンドとコールスローを上品に食べている。

「近くにいいお店ができて、よかったね！」2人は顔を見合わせて微笑んだ。

お腹が満たされたところで業務再開だ。

「まずはいまのインシデントの状況をざっと見てみようと思うの」

プロジェクターが立ち上がる間、京子は進め方を説明する。

「あ、そうだ…」

麻衣香は何かを思い出したようだ。

「今日、電話対応をしていて1つ気になったことがあるんです。聞いていていただけますか？」

「うん。もちろんだよ」

優しく答える京子。

「前から気になっていたんですが、電話に出るとお客様から『やっとつながった』って第一声で言われることが多いんです。他にも、『何度かけても話中よね』って言われたり、『電話切ってたんじゃないの？』なんて嫌味っぽいお客様もいました。これ、改善したいです」

これは貴重な情報だ。通信販売部の電話は、注文受けもお問い合わせもクレームも同じ番号で受けている。電話回線がふさがっていて、つながらなければクレームを言いたいお客様のイライラを増幅させてクレームが悪化してしまうのはもちろん、注文を諦めるお客様もいるかもしれない。お客様満足だけではなく、売り上げにも直に影響する重大な問題だわ。

電話回線がふさがっていることによる通話のロスを、コールセンター用語で「呼損《こそん》」という。呼損の削減も、取り組むべき課題の1つかもしれない。京子は思った。

「いい情報をありがとう。それ、インシデントにしよう！」

京子は、食べ終えたサンドイッチの包みと紙ナプキンを片づけつつ提案した。

「え、インシデントって、お客様からの問い合わせとクレームだけじゃないんですか？」

きょとんとする麻衣香。京子はホワイトボードの前に立って講釈をはじめる。

「ううん。私たちスタッフによる気づきや提案もインシデントになるんだよ。内部申告によるインシデントって言ったりするんだけどね」

以前、情報システム部の大井に教えてもらったことをそのまましゃべった。

「内部申告…ですか?」

「そう。『中の人』、つまり私たち内部の運用者が申告するから、内部申告。中の人が気づいた課題を改善するための提案や、インシデントを未然に防ぐための予防措置なんかもインシデント扱いにして管理簿に記録する、そして対策検討につなげていく」

「内部申告…だなんて、なんだか内部告発みたいな響きですね!」

麻衣香は仰々しいその言葉とは真逆の、ニコニコした表情と声で言った。

「せっかくの気づきを、風化させちゃったらもったいないじゃない。麻衣香ちゃん、いい情報をありがとう!」

待てよ、ついでに今日、清美さんと千早さんからリクエストのあった「受注管理システムとインシデント管理簿の統合」もインシデントにしよう。これも業務効率化のための改善提案だものね。拓郎くんに責任感を持って対策を検討してもらうためにも、管理しておいたほうがいいわ。それと、「オペレーションミスを減らしたい」「発送タイミングに関する問い合わせを減らしたい」「問い合わせの放置をなくしたい」。この3つも内部申告のインシデント扱いにしよう。

京子はインシデント管理簿のエクセルのシートの末尾に5行、追加して記入した。

①インシデント番号：２９０　インシデント件名：「呼損を削減したい」　分類：「４・改善提案」　登録者：「山中 麻衣香」ステータス：「１・受付」
②インシデント番号：２９１　インシデント件名：「オペレーションミスを減らしたい」　分類：「４・改善提案」　登録者：「友原 京子」ステータス：「１・受付」
③インシデント番号：２９２　インシデント件名：「発送タイミングに関する問い合わせを減らしたい」　分類：「４・改善提案」　登録者：「友原 京子」ステータス：「１・受付」
④インシデント番号：２９３　インシデント件名：「問い合わせの放置をなくしたい」　分類：「４・改善提案」　登録者：「友原 京子」ステータス：「１・受付」
⑤インシデント番号：２９４　インシデント件名：「受注管理システムとインシデント管理簿を統合したい」　分類：「４・改善提案」　登録者：「友原 京子」ステータス：「２・対応中」

⑤だけは、ステータスを「2・対応中」にした。拓郎くんに検討してもらっているし。京子は対応履歴の欄に「07／01 松川さんにて実現可能性を調査開始（友原）」と記した。

さてさて、ではこれから残りの4つのインシデントの解決策を考えましょうか。ええと…

そうそう、「問題管理」をしなくちゃね！

解説

内部申告のインシデント

インシデントは、利用者からの問い合わせやクレーム、業務やシステムのトラブルなど外から受けるものだけではありません。運営者自身による改善のための提案、クレームやトラブルなどを発生させない予防のための申し出もインシデントととらえて管理しましょう。運営者自身による改善・予防措置などの提案を「内部申告のインシデント」と呼びます。

内部申告のインシデントは、次のいずれかの運用を行うのがよいでしょう。

❶申告者自身がインシデント管理簿に記入する。
❷定例会や運営メンバー同士の会話で挙がった提案を、運営管理者(統制管理者)が吸い上げてインシデント管理簿に記入する。
❸申告者には定型の「インシデント票」を起票させ、運用管理者(統制管理者)が受け付けてインシデント管理簿に記入する。

第5章　京子、通信販売部のゴタゴタの根本解決に挑む――「問題管理」

「問題管理」

京子はいつものあの手帳をめくり始めた。だいぶ汚れた手帳だが、京子にとって大切な改善のバイブルだ。そこにはこう記されている。

『「問題」＝「1つまたは複数のインシデントを引き起こす未知の根本原因」』

『「問題管理」＝「インシデントを二度と起さないようにする再発防止のためのプロセス」』

「問題管理って何ですか？　インシデント管理との違いって何なのでしょうか？」

私も教わった当初は何がなんだかわからなかった。麻衣香ちゃんの気持ちはよくわかる。

「目先のトラブルに対して、取り急ぎ、その場しのぎをできるようにするのがインシデント管理。インシデントを発生させないようにするのが問題管理。ってとこかな。たとえばある住宅地で火事が発生したとしようか。まず何をしなくちゃいけないかな？」

「とにかく火を消すのが最優先ですよね」

「そう。目の前の火を消す。これ、絶対やらなきゃだよね。これがインシデント対応。そして、次に火事が発生したときに備えて、なるべく速やかに現場に駆けつけて短時間で火を消す方法を考えたり、消防隊員さんを訓練する必要もあるよね。これがインシデント管理」

麻衣香は京子の解説に聞き入りながらメモを取る。

「でもさ、火事なんてそもそも起こらないに越したことないよね。インシデントそのものを発生させないのも大事。そうでないと、火を消す対応の効率がどんなに良くなっても、消防署の隊員さんたちは出ずっぱりで火消しに追われて、てんやわんやになってしまう」

火消しという言葉を発して、京子はふと

◉問題管理とインシデント管理

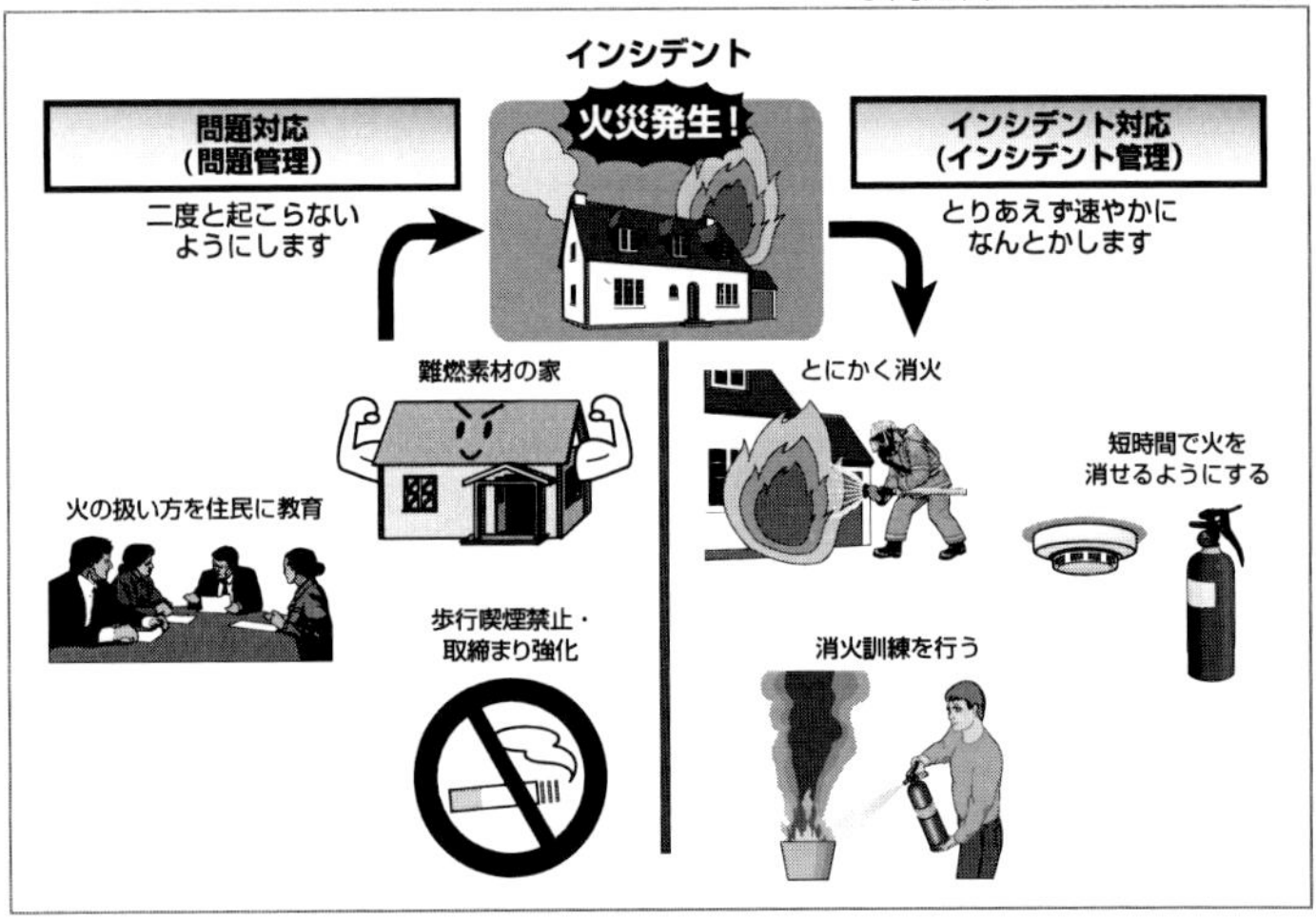

思った。私がやっている仕事も、なんだか火消しみたいなものだよね。去年までは購買部で、そしていまはここ通信販売部の火を消している。

「なるほどです！　火事を起こさないための予防策を考えないといけないわけですね」

麻衣香は正しく理解してくれたようだ。

「そう。インシデントを発生させないために、根本原因を特定して、解決策を検討して、実行する。その一連の活動を『問題管理』っていうの。たとえば、家の材質を燃えにくいものに変えたり、火の扱い方を住民に教育したり、近隣の歩行喫煙を禁止にして取り締まりを強化する…とかね」

「すごくよくわかりました！　京子さん、なんだか先生みたいです！」

先生!?　私が？　そんなこと言われたことなかったな。くすぐったいけれど、とても嬉しい。そういえば私、大学生のときアルバイトで塾講師をしていたことがあったっけ。誤字脱字が多くて、よく生徒に突っ込まれていたけれど。

「…というわけで、いまさっき新たに登録した4つのインシデントの根本原因の特定と解決。すなわち、『問題管理』をこれからやっていきます」

先生っぽく、近くの差し棒を手にとってホワイトボードをカツカツと叩く京子。明日からは伊達眼鏡でもかけようかしら。ちなみに視力はめっちゃイイんですけれどね、私。

①インシデント番号：290　インシデント件名：「呼損を削減したい」
②インシデント番号：291　インシデント件名：「オペレーションミスを減らしたい」
③インシデント番号：292　インシデント件名：
「発送タイミングに関する問い合わせを減らしたい」
④インシデント番号：293　インシデント件名：「問い合わせの放置をなくしたい」

さてと、この4つのインシデントをどう解決するか？　一つひとつ見ていこう。

■「呼損を削減したい」

電話を何度かけてもいつも話中。これはかけてくるお客様にとってはかなりのストレスだ。自分がお客様の立場になって考えてみると、そのイライラは容易に想像できる。そして、そのイライラが、ようやく電話がつながったときにオペレーターである私たちにぶつけられる。これでは、お客様もスタッフも不幸だ。いや、不満を言ってくださるお客様はまだいい。スタッフがそのまま問い合わせや注文を放棄して、ルミパルから遠ざかるお客様も少なくないだろう。これは大問題だ。

「呼損を減らす。電話がつながりやすくするためにはどうしたらいいかしらね？」

京子はホワイトボードの前に立ったまま、斜め後ろに座っている麻衣香に問いかけた。

「そうですね。まず、注文とお問い合わせ・クレームの対応窓口を分けたほうがいいと思うんですよ。いまって、注文もお問い合わせもクレームもすべて同じ電話番号で、同じ窓口で受けているじゃないですか。しかも、注文対応よりお問い合わせやクレーム対応の方が圧倒的に時間がかかるんですよね。その間、1回線丸々ふさがっていて注文を受けることはできません。やっぱり、注文窓口と、お問い合わせ・クレーム窓口は分けたいな」

「なるほどね…」

たしかに、窓口を2つに分けたほうがよさそうだ。注文を受けるメンバーは、注文だけをひたすら受ける方が効率も上がり、呼損も減る(オペレーションミスも減るかもしれない)。

「いいアイディアね。ただ1つだけ気になることがあるな。窓口を2つに分けたところで、私たちスタッフの数はそうカンタンには増やせない。何が言いたいかって、受け口の数を増やさない以上、対応できる入電の数は変わらないから結局、呼損は減らないんじゃないかな」

「ううん…ううん…、あ、でも京子さんの改善活動のおかげで、ここ数週間だけでもお問い合わせやクレームの数は減ってきていますよ。もっともっと改善頑張って、お問い合わせとクレームを減らせば、それだけ注文専用窓口に人数を割くことができるのではないでしょうか？　そうすれば、全体として呼損は減りますよね」

京子は親指を立てて「グッド」のサインを示した。通信販売部の大きな課題の1つは、お問い合わせとクレームの電話が多いこと。それを減らせばスタッフを増やさずとも受注の機会損失を減らすことができる。その結果、売り上げもお客様満足度も向上させられる。

「…で、問題は対応窓口を別々にできるかどうかよね」

従来の電話番号を変える・増やすとなると、テレビやラジオのＣＭやカタログの変更も大変だし周知に時間もかかる。リピーターのお客様は、今の番号にそのままかけてくるだろうから、混乱がないよう新しい番号に誘導する対策も必要だ。

しばらく考え込む２人。その沈黙を麻衣香が破った。

「こんなのはダメでしょうか？　電話番号はいまのまま。で、着信直後に音声ガイダンスを流すんですよ。商品のご注文は『１』を、お問い合わせやご要望は『２』を押してください…みたいに。こうすれば、電話番号を変えずに、窓口の振り分けできます」

「それだ！　麻衣香ちゃん、冴えてるねぇ〜」

こぶしを利かせる京子。あと考えなければいけない

◉麻衣香の提案

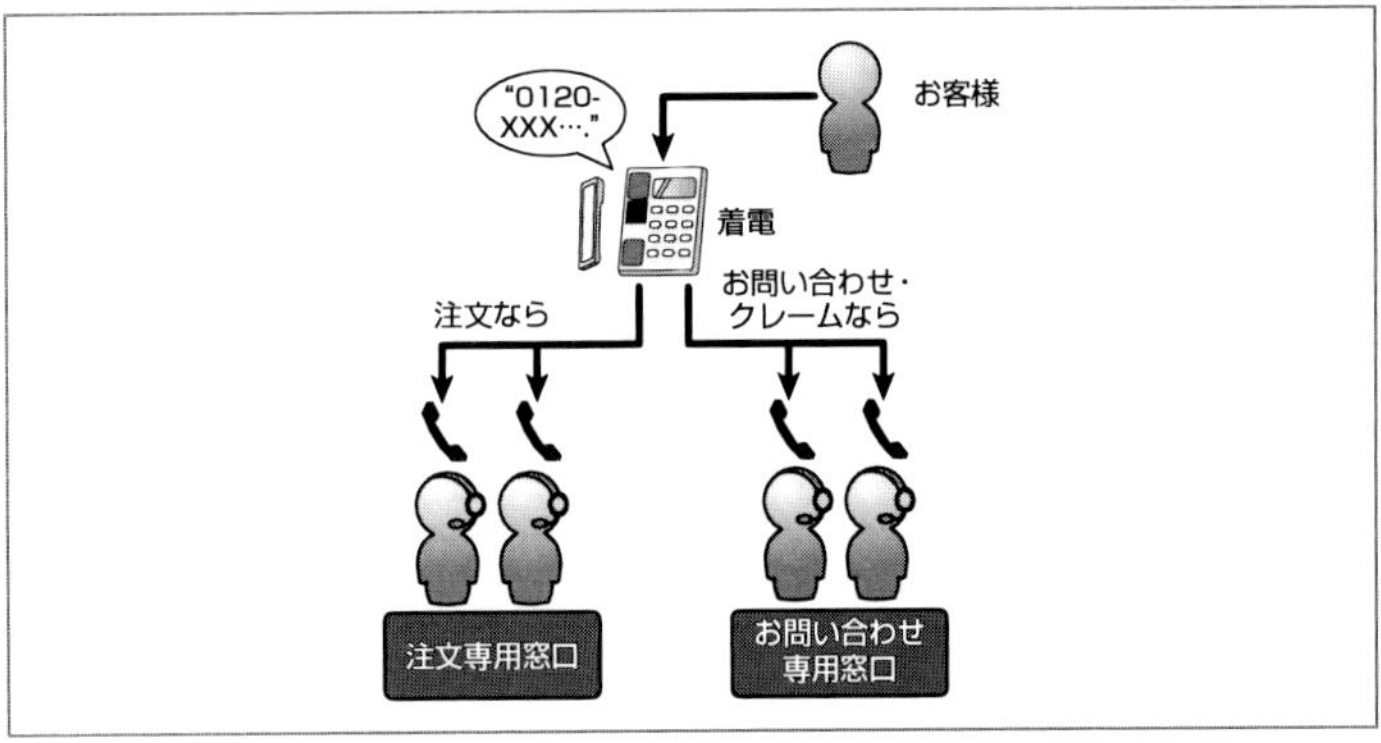

のは、いまの電話に音声ガイダンスを入れて振り分けができるかどうかだ。技術担当を呼んで相談してみよう。

「受注管理システムの設計書を読み解くのに忙しいんですけれど…まあ主任様のご指示とあれば仕方ないですね…」

拓郎の返事は無愛想だった。いちいち嫌味なヤツだな。まあいい。拓郎くんに愛想なんてそもそも期待していないから。拓郎は「よっこらせ」と重い体を起こし、会議室にやってきた。

「え、知らなかったんですか? それ、やろうと思えばすぐにでもできますよ。この電話結構多機能なんです」

拓郎は平然と言い放った。そんなに簡単にできちゃうんだ。

「主任様が知らなかったとは…」

知らないわよ! …って言うか、知ってたなら早く言いなさいよ! あ、電話機能のことなんていままで話題にしたことなかったか(てへっ)。とにかく、これは大きな前進だ。

京子はその場で麻衣香と拓郎と話し合い、いまある5回線のうちの3回線を注文専用電話、残りの2回線を問い合わせ・要望専用電話にすることとした。同時に、私たちスタッフの役割分担も決めた。いままでは全員が全員、注文も問い合わせもクレームも受けていたが、これからはルミオペの2名が注文専任、社員と派遣社員(清美・麻衣香・千早)はルミオペ2名でカバーしきれない1回線分の注文、それと残りの2回線で問い合わせとクレームをさばくことにする。これだと、社員と派遣社員の島には注文、問い合わせ・クレームの電話が混在する。そこで、その入電が注文専用に振り分けられた電話なのか、問い合わせ・クレームなのかがわかるように着信音を変えることにした。

「キャンペーン期間など注文の電話が殺到するときは、4回線を注文専用電話にして、問い合わせ・クレームは1回線だけにするとか、柔軟に切り替えるようにしましょうね」

これって、前に大井さんに教わった「需要管理」「キャパシティ管理」の考え方ね。いまあるリソース（ヒト、モノ、システムなど）で需要に対応するための考え方と管理方法。こんなところで生きるとは思わなかった。

「あ、そうだ。主任、音声ガイダンスのナレーションどうします？　予算積んでくれれば、僕がオキニ…い、いや、よさそうな声優さんを見繕って、その事務所に連絡を取ってですなぁ…」

「京子さん、わたしやります！　わたし、中学のとき放送部でアナウンス担当だったんですよ。埼玉県の中学放送コンテストで、賞を取ったこともあります」

拓郎のつぶやきを、麻衣香の元気な声が上書いた。

「完璧ね！　じゃあ、ナレーションは麻衣香アナに任せた！　あ、技術担当。電話の設定変更よろしくね！」

麻衣香は一層顔を輝かせた。自称技術担当の拓郎は「へーい」と暗い返事で会議室を去った。

■「オペレーションミスを減らしたい」

依然、商品の送り間違い、キャンペーン特典の送り漏れなどに端を発する問い合わせ・クレームが減らない。オペレーションミスをなくして、無駄な問い合わせ・クレームの入電を減らす。それにより、なるべく注文受けに専念できるようにしていきたい。

「なんで商品の送り間違いがこんなにも多いのかね？」

京子はノートパソコンのインシデント管理簿を見ながら尋ねた。

「似たような、紛らわしい商品名が多いと思います。『ナチュさらファンデーション』と『ナチュさら乳液』、『やわ肌フェイスソープ』『やわ肌フェイスパック』『やさ肌フェイスソープ』、他にもたくさん。わたしも何度か取り違いをしてしまって、それからは注文をお受けするときに復唱して確認するようにしています。それでも、後で『違う商品が届いた』って言われたことがあります。お客様が商品を勘違いしていることもあるようです…」

商品名の問題か！　これは悩ましい。商品名を変えるのはコストも時間もかかる。第一、弱小な通信販売部の言い分をマーケティングや開発部門の人たちが聞いてくれるとは思えない。商品名に手を加えずに、商品間違いを減らすやり方はないものか？

京子は宙を見上げて考えた。

「いま、注文を受けて受注管理システムに登録するときって、どんなオペレーションしているの？　ちょっと教えてもらってもいいかな」

こうなりゃ現場を見るしかない。

「はい。京子さんのパソコンお借りしてもいいですか？　実際に受注管理システムを立ち上げてお話しします」

言うが早いか、麻衣香は京子の横に座ってノートパソコンをカチャカチャやりだした。

受注管理システムの画面が映し出された。「■受注登録」の帯の下に「商品番号」「商品名」の項目が並び、入力用のボックスが並んでいる。

「まずお客様から商品名をお聞きします。たとえば『やわ肌フェイスソープ』。そうしたら、その名称を『商品名』のボックスにタイプします。『や・わ・は・だ…』」

麻衣香が「や」「わ」と打ったところで、「やわ」を含む商品名がずらっと表示された。「やわ肌アクアモイスチャー」「やわ肌さらさらハンドタオル」「やわ肌しっとりフェイスパック」「やわ肌フェイスソープ」……いったい「やわ肌」だけでどれだけのラインナップがあるのだろう。

「で、この中からお客様から聞いた商品名を選ぶんです。『やわ肌フェイスソープ』をクリックしますね。そうすると、ほら！」

麻衣香は左隣、「商品番号」のボックスを指さした。そこに「０４８３１」と入った。

「その商品の番号が表示されます。ここに商品番号が入っていなかったり、存在しない商品番号が入っていたりすると、エラーになって受注登録ができません」

「ねえ、商品番号を入れて、商品名を確定させるって流れでもイケるの？」

「それもできますよ。こうして商品番号を入力して…」

いったん画面をクリアして、今度は「商品番号」の欄に数字を打ち込む麻衣香。「04831」とタイプしてエンターキーを押す。

「はい！　『商品名』の欄に『やわ肌フェイスソープ』が出ました」

なるほど、商品番号直打ちでもイケるんだ。

「キャンペーン期間なんかで特定の商品の注文が多い時期は、わたしはその商品の番号をメモして控えておいて、商品番号を直接入力して受注登録しています。その方が早いですから」

「だったら、こうしたらどう？　お客様から注文を受けるとき、5桁の商品番号と商品名を聞くようにする。で、私たちオペレーターは商品番号と商品名を復唱して確認する。カタログやチラシには必ず商品番号は書いてあるから、番号がわからないってことはない。もちろん、それでも番号がわからないってケースもあるだろうから、100％そのやり方でってわけにはいかないかもしれないけれど」

京子は麻衣香の反応をうかがった。現場のことは現場の担当者に判断してもらわなければ。

「それいいですね！　お客様の勘違いも防げますし、ミスが減ると思います」

「了解！　CMでも商品番号を伝えてほしいよね。私、宣伝部に掛け合ってみる！」

ポジティブな麻衣香の賛同に、京子も後押しされる。明日、早速宣伝部に押しかけよう。

「あとは特典の送り漏れをどうするか。『1万円以上買ったらもれなくもらえるマグカップがついていない。1万2千円分買ったのに』『対象商品を買ったのに特典が入っていない』」

京子はインシデント管理簿に登録された「クレーム」の内容をそのまま読み上げた。

「すっごくアナログな方法だけどさ、キャンペーン期間中はフロアのみんなが見えるところに貼り紙でもしたらどうかしら？『1万円以上のお買い上げでマグカップ送付』みたいに」

原始的なやり方だが、意外とこういう取り組みが馬鹿にならない。

「そうですね。貼るなら、フロアの掛け時計の横のスペースがいいんじゃないかなって思います。電話対応しながらでも、みんな時計はチラチラ見ていますから」

確かに。日常の動線上で注意を促すって重要だ。

「それと、全員のパソコンの壁紙に注意を促す一言を入れるってのもどうでしょう？『8月31日まで、1万円以上のお買い上げでマグカップもれなくプレゼント』とか」

麻衣香ちゃん、冴えてる！　そのアイディアももらいだ。明日から実行しよう。

■「発送タイミングに関する問い合わせを減らしたい」

さて、なかなか減らない発送タイミングの問い合わせ。「昨日注文した商品いつ届くのでしょうか？」「まだ届かないんですけれど」…そんな問い合わせが、今日もインシデント管理簿を賑わせている。それでも、発送リードタイムを2日から半日以内に短縮してからは減ったけれど。大手のインターネットショッピングサービスなどでは、即日配送も目立ってきた。すぐに届かないと心配になる消費者も少なくないのだろう。

「これに関しては、お客様への周知を徹底するしかないと思うんだよね。麻衣香ちゃんは、注文を受けるときお客様にリードタイムをお伝えしている？」

京子はストレートに聞いてみた。うつむく麻衣香。

「…あ、そういえばお伝えしていませんね。聞かれたら答えればいいや、くらいにしか思っていませんでした…」

麻衣香がそうだということは、他のメンバーもきっと同じだろう。これではお客様が不安がって、問い合わせをしてくるのも無理はない。

「こうしよう。2つ。まず注文の電話を受けるとき、最後に必ず『商品は通常半日以内に発送いたします。もしお手元に届かないようでしたらお電話ください』とお伝えする。そして、CMやチラシにも『通常半日以内の発送』を謳ってもらうようにする。さっきの商品番号の話と一緒に宣伝部に相談してみるわ」

■「問い合わせの放置をなくしたい」

最後に戦うべき相手は、問い合わせへの対応放置だ。これは絶対あってはならない。

「京子さん。わたしよくわからないのですが、放置ってどういうことをいうんでしょう？」

麻衣香は無邪気な質問をした。

「たぶん、皆さん、対応を放置しているって感覚がないと思うんですよね。明日やろうと思っていた、明後日やることにしていた。だから本人にしてみれば『放置』していたわけではない。何が放置で、何が放置じゃないないなのか、チームで意識をあわせたいですね」

そうか！「放置」の感覚って人によって違うんだ。私の目から見たら「放置」でも、メンバーからしたら「対応中」なのかもしれない。この視点は重要だ。

――定義できないものは、管理できない。管理できないものは、測定できない。測定できないものは、改善できない。

デミング博士のあの一節が、再び京子の頭をよぎる。ルミパル通信販売部における「放置」の定義をしなくては。

「こうしようか。原則、受けた問い合わせはなるべくその場で回答するようにする。これは私たちのサービスレベル目標でもあったよね。電話対応の一次完結率、80％を目指す」

京子は念を押した。うんうんと首を縦に振る麻衣香。

「で、その場でクローズできない問い合わせやクレームは3時間以内に回答するようにする。3時間を超えても何もアクションしていない場合は『放置』と見なす」

「窓口対応時間の締め切り間際に来たお問い合わせ、たとえば夕方4時とかに来た問い合わせについてはどうしましょうか？」

いい質問だ。こういう実際のケースに則した業務設計が大事なのだから。

「その場合、残業する人がいるときはその人に引き継いでその日のうちに回答してもらう。あるいは、窓口対応時間ベースでの3時間以内。つまり、翌日の12時までに本人または他の人が回答するってことにしない？」

「…ということは、引継ぎの仕組みも必要ですね」

麻衣香の言うとおりだ。いままでは、問い合わせもクレームも受けた人が必ず回答していた。というか、慣習としてなんとなくそういうことになっていた。これは組織の仕事のやり方として問題だ。受けた担当者が回答をせずに休暇に入り、そのまま1週間ほったらかしなんてこともあったと聞く。チームで回すやり方に変えなくては。

「毎日17時30分より前に『夕会《ゆうかい》』を、10時より前に『朝会《あさかい》』を全員集めてやろう。15分ずつでいいかな。そこでインシデント状況の確認と引継ぎをする。夕会では、未クローズの問い合わせやクレームをピックアップして、私が対応計画を担当者に確認する。当日対応できない場合は、翌日の対応計画を話してもらう、あるいは残業する人に引き継ぐ。どうだろう？」

「いいと思います！　これなら、残業できないときやお休みいただきたいときも安心ですね」

麻衣香は嬉しそうな声で賛成した。

京子は、毎日定時で帰り、なおかつ対応放置が他のメンバーよりも目立っている清美のことを考えた。このやり方なら、清美をチームでサポートできるだろう。

それは清美ひとりだけのためではない。誰しも残業ができない、あるいは介護や育児などの家庭の事情で時短勤務を余儀なくされることもあるだろう。定時後に学校に通って勉強したくなるときが京子自身にも来るかもしれない。できれば結婚もして家庭を持ちたい。

仕事のやり方が人によってバラバラだったら、属人的なままだったら、チームで助け合うことができない。仕事もプライベートも成り立たない。いま京子がやろうとしていることは、会社を個人が助け、個人が会社を助けるための仕組み作りだ。ワークライフバランスって、そんな仕組みがあって成り立つものなんだって思う。


「一通りの解決策が出たね。これをインシデント管理簿とは別の『問題管理簿』にまとめて、きちんと実行管理していきましょう」

京子は一度大きく伸びをして、ノートパソコンと向き合う。別のエクセルのシートを立ち上げ、タイトルに「問題管理簿」と打った。そして、問題の内容と今日の検討結果を記録した。

(1)問題番号：001「呼損削減のための対策」
①窓口を注文専用と問い合わせ・要望専用の2つに分ける(ルミオペとの調整：友原)

②電話機に音声ガイダンスと振り分け設定をする（機器設定：松川）（ナレーション：山中）

（2）問題番号：002「オペレーションミス削減のための対策1（商品間違い）」
①注文受け時に「商品番号」「商品名」をお客様にお聞きし、復唱するようにする（全員）
②テレビやラジオのCMで、商品番号を流してもらう（宣伝部との調整：友原）

（3）問題番号：003「オペレーションミス削減のための対策2（特典発送漏れ）」
キャンペーン期間中、特典送付の条件を、
①紙に描いてフロアに貼る（作成と貼り出し：山中）
②各自のデスクトップの壁紙に掲出する（作成とメンバーへの送付：山中）

（4）問題番号：004「発送タイミングの問い合わせの削減対策」
①注文受け時、最後に「通常半日以内に発送」をお客様にお伝えする（全員）
②CMやチラシに「通常半日以内に発送」を記載してもらう（宣伝部との調整：友原）

（5）問題番号：005「問い合わせの放置検討」
①即時回答できない問い合わせやクレームは、「3時間以内に回答」することとする（全員）

②毎日9時45分から朝会、17時15分から夕会を開催し、対応状況と計画の確認・引継ぎを行う（司会進行：友原、参加：全員）

続いて、インシデント管理簿を開きインシデント番号290～293の備考欄に「問題管理へ移行。問題番号00Xにて検討中」と記入、ステータスを「2・対応中」に変えた。こうして、インシデント管理と問題管理を有機的に連携させる。

今日もまた10時を越えてしまった。2人はすでに誰もいないフロアを出た。麻衣香はまだ入社して2カ月、京子もここに配属されてまだ1カ月しかたっていないが、すっかり戸締りに慣れてしまった。

「いつも遅くまでゴメンね！」申し訳なくも思いつつ、京子は素直で頑張り屋の麻衣香に感謝した。

しかし、そんな美しい状態は長くは続かなかった。

解説

問題管理

問題管理とは

「インシデント」の原因を特定し、根本解決と再発防止をするための管理プロセス。

目先で起こっているトラブルの把握と取り急ぎの対策実施がインシデント管理、インシデントが発生しないような対策実施が問題管理の役割です。いわば前者が暫定対処で、後者が恒久対処。この2つの管理プロセスは、ものがたりで京子が麻衣香に説明しているように、火災対策によくたとえられます。火を消すのがインシデント管理、火が発生しないようにするのが問題管理。この2つは課題解決のための双璧であり、きちんと押さえておきましょう。

問題とは

1つまたは複数のインシデントを引き起こす未知の根本原因。

問題管理とは

インシデントの根本原因を特定し解決する、またはインシデントの発生を予測して予防するための一連の活動です。

インシデント管理が迅速性を求められるのに対し、問題管理では根本原因をじっくり調査し、時に関係者との調整を重ねて解決します（もちろん迅速であるに越したことはありませんが）。

問題管理のポイント

問題はインシデントとは分けて（ただし、関連性がわかるように双方の管理簿に記載して）記録・管理しましょう。

インシデント管理簿に記載されたインシデントのうち、根本原因の究明と解決および再発防止策の検討が必要と判断されたものについては問題として問題管理簿に登録します。

このとき、ものがたりにあるように、インシデント管理簿の当該インシデント情報に「問題管理へ移行。問題番号00Xにて検討中」などと記入し、インシデントと問題の関

◉問題とインシデント

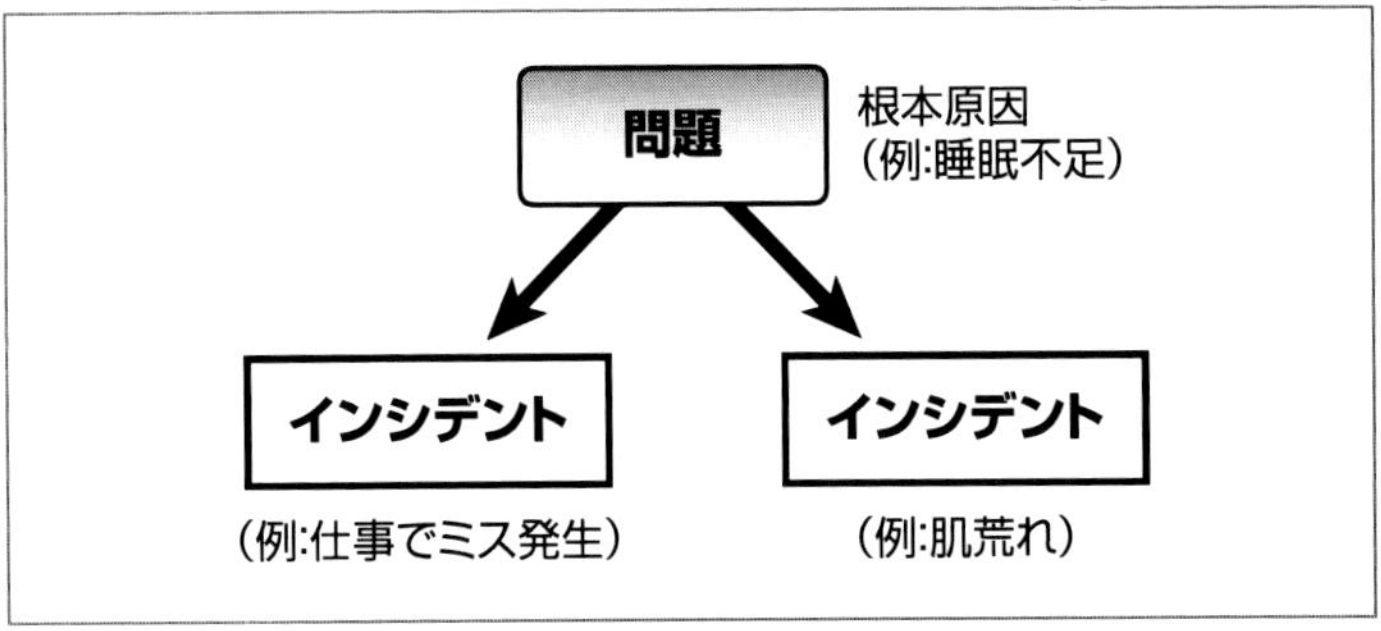

連性を明確にしましょう。

インシデント管理の活動

問題管理プロセスでは、主に次の9つの活動を行います(インシデント管理の活動とほぼ同じです)。

❶問題の識別

インシデント発生を受けて(あるいは先んじて)、問題を検知します。

❷問題の記録

問題管理簿に、問題の情報を記録します。

❸問題の優先度づけ

インシデント管理同様に問題の対応優先度を決めます。

❹問題の調査と診断

問題を調査し、根本原因の特定および解決策の検討を行います。

❺ **ワークアラウンドの実施**

問題の調査や解決に時間がかかる場合は、暫定対応策（ワークアラウンド）を検討し実施します。

❻ **問題の記録（既知情報化）**

問題の情報を記録し、既知の情報にします（再度同様の問題が発生したときに参照して活用できるようにするためです）。

❼ **変更要求**

根本原因を解決するために、業務の内容や構成要素（ヒト・モノ・システム・ルール・業務プロセスなど）を変更する必要のある場合は、組織内のしかるべき承認ルールや手順に従って変更要求を行います。

❽ **問題の解決**

解決策を実行します。

❾問題のクローズ

問題を解決し、問題をクローズします。関連するインシデントもクローズします。

◉問題管理のフロー

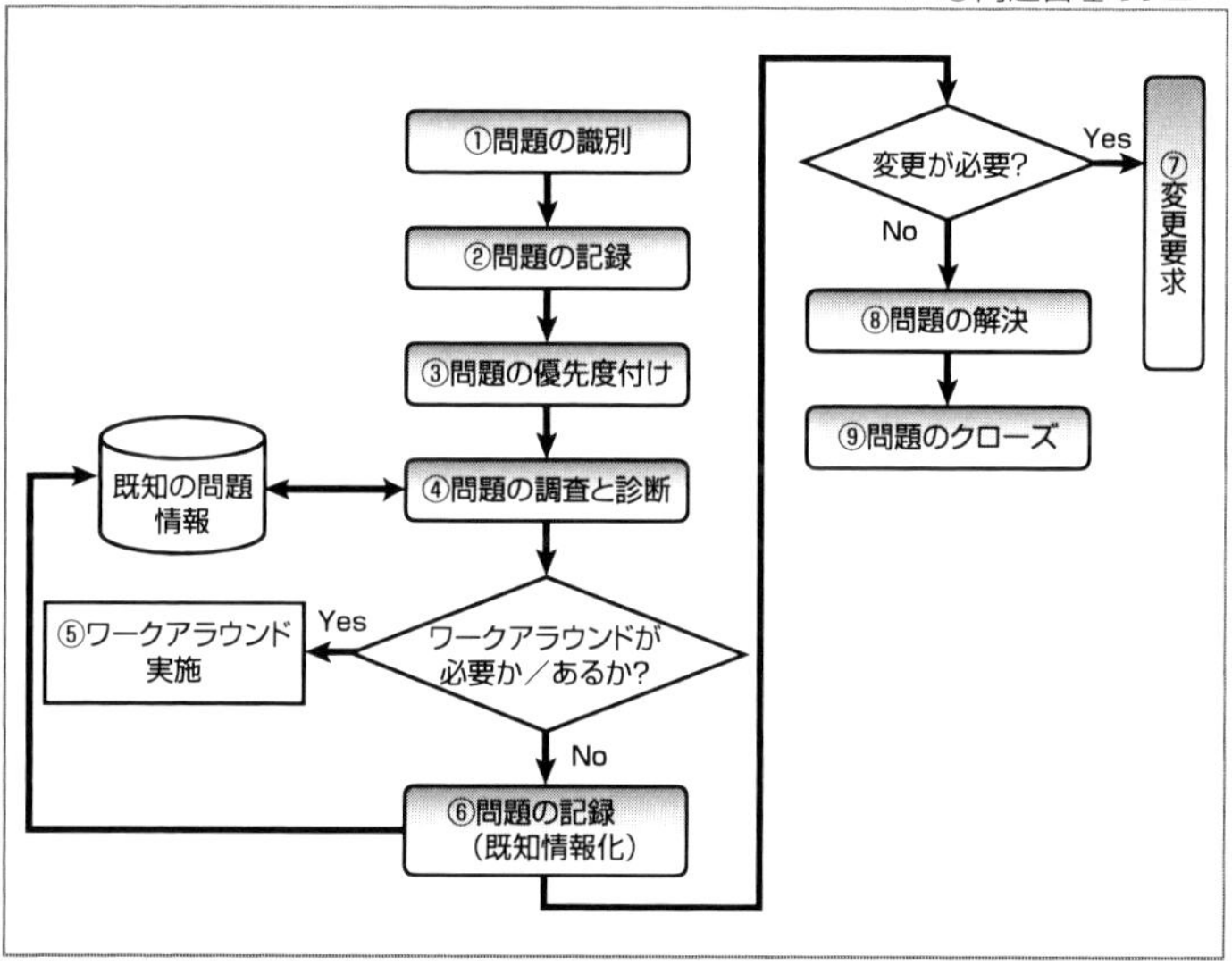

第6章　京子、さらなる改善へと突き進む

京子はさっそく行動した。月曜日の朝。宣伝部とアポイントを取り、都築をつかまえて本館に向かう。7月もまだ4日目、それもまだ9時前だというのに日は高くまるで真夏のようだ。道を1本挟んだこっち側からあっち側に移動するだけなのに、歩いていると額から汗がじんわりにじみ出てきた。日傘を持って出るべきだったかしら。京子は少し後悔した。

「それにしても、友ちゃんまだ着任して1カ月なのに、頑張るよね。いや～、大したもんだ」

あくびをかみ殺しながら、感嘆の言葉を口にする都築。

「善は急げって言うじゃないですか。新人の山中さんも毎日遅くまで頑張って、通信販売部を良くするために頭を捻ってくれているんです。やれることはどんどんやらないと」

「なるほど。友ちゃんにとっての『善』って、『改善』の『善』なのかもね」

うまいこというなあ。そして、改善には、スピードが命。どんどん走っていかなければ。

「でもまあ、あまり突っ走り過ぎないよう、ホドホドにね…」

そう都築が言ったとき、宣伝部のフロアに到着した。ドアの前の電話機で、南田《みなみだ》課長の内線番号を押す。南田は50代前半の男性で、通信販売の広告や宣伝物の企画と制作を担当している。部下とおぼしき若い女性が扉を開けてくれた。2人は奥の会議室に案内された。

南田との打ち合わせはとてもスムーズに進んだ。通販のCMに対象商品の商品番号のナレーションを入れること、カタログとチラシに「通常平日以内に発送」を記載すること、いずれも合意してくれた。チラシに至っては、わざわざ最新版のゲラ(原稿)を引っ張り出してきて、「ここに入れたほうがいいかもしれない」「フォントはどのくらいの大きさにしましょうか?」など、意見照会をしてくれたくらいだ。

ナイスミドルという言葉がよく似合う南田。いつもパリッとしていて紳士的だな。惚れ惚れする。ほら、都築さんあくびしないの!

本題が一段落したところで、南田は雑談を始めた。

「そういえば知っていますか? 最近、唐崎副社長、ECに関心を示しているらしいですよ」

ECとはElectronic Commerceの略で、インターネットなどを介した商取引のことだ。通販会社はもちろん、最近では家電量販店なども参入し、市場規模が拡大していると聞く。

「先週だったかな? RAPCOM(ラプコム)の社長と会食したって話を聞きましたよ」

RAPCOMといえば国内で1位、2位を争うインターネット通販の大手企業だ。京子が就職活動をしていたころは社員数10名程度のベンチャー企業だったが、ここ数年でものすごい勢いで成長してきたようだ。その会社の社長とウチの副社長が会っているなんて…。

「少子高齢化で、リアル店舗での販売はこれからは間違いなく苦戦を強いられますからね。近い将来、通信販売がルミパルの主力になる日が来るかもしれないですよ。そのときは、都築さんが部長で、友原さんは課長かな？」

さわやかな笑顔で冗談めかす南田。

「ま、そういうわけで、いまから通信販売部さんのイメージアップや改善につながるようなことは、私たちもできる限り協力します。一緒に頑張りましょう」

南田は右手を差し出した。都築に続いて、京子は背筋を伸ばし、その手を堅く握った。


都築は「このまま国内マーケの部課長会議に出るから…」と言ってそのまま本館に残った。京子は別館の通信販売部のオフィスに戻る。先週金曜日の夜に麻衣香と遅くまでかかって検討した内容を、メンバーに伝えて実行に移すためだ。


フロアの扉を空ける。なんだかざわざわしている。麻衣香が脚立に上りルミオペの2人の手を借りて横断幕のようなものを壁に貼りつけていた。

「夏のキャンペーン実施中！　8月31日ご注文分まで、1万円以上お買い上げのお客様全員に特製マグカップをプレゼント」

いかにも新人が書きましたって感じの、初々しい文字が踊っている。ところどころに、ピンク色のハートマークが添えられているのも可愛らしい。すでに壁紙用の画像も作ってメンバーに配布してくれたようだ。その証拠に、清美と千早、それとルミオペの2名のパソコンのモニターにもまったく同じ背景が表示されている。そこに「夏のキャンペーン実施中!……」の赤い文字が見えた。

「あ、京子さん。おはようございます! さっそく、特典送付漏れ防止の対策をしています。この貼り紙、ズレてないですか? 大丈夫でしょうか?」

京子に気づいた麻衣香。脚立の上で横断幕を両手で押さえつつ振り返る。大丈夫、きれいに貼れているよ。それよりもバランス崩して脚立から落っこちないようにね! それと、スカートの中見えてしまわないように注意だよ。この職場にも一応男子がいるんだから。

その男子はといえば、いつもと変わらぬ様子でパソコンの画面に見入っていた。そういえば、拓郎くんって三次元の女の子には関心はあるのかしら?

「あ、主任。電話の設定変更終わりましたよ。朝、山中さんにガイダンスのナレーションも吹き込んでもらいましたし、動作確認も終わっています」

拓郎はパソコンを見つめたまま、ボソボソと報告した。うんうん、よろしい。拓郎も麻衣香もさっそく動いてくれている。掛け時計を見る。電話受付開始の10時まであと15分あった。京子は全員を会議室に集めた。

記念すべき(?)第1回目の朝会。京子は今後の運用変更点を足早に説明した。電話を注文専用窓口と問い合わせ・要望専用窓口の2つに分けること。ルミオペの2人には、当面注文専用窓口として対応してもらいたいこと。注文を受けるときは、「商品番号」「商品名」をお客様にお聞きし、復唱するようにすること。受注管理システムにはなるべく「商品番号」を入力して受注登録をすること。キャンペーン特典の送付の条件を間違えないよう注意すること。注文受け時、最後に「通常半日以内に発送」をお客様にお伝えすること。即時回答できない問い合わせやクレームは、3時間以内に回答するよう気をつけること。回答できているかどうかは京子が適宜インシデント管理簿を確認し、担当者への声がけや朝会・夕会でフォローすること。最後に、毎日朝会と夕会を実施すること。

清美と千早は時折顔を見合わせて首を傾げたり、苦笑いしている。やり方を変えるのに抵抗があるのだろう。でも、やってもらわなければならない。京子は熱意を持って説明した。

「では、今日も1日よろしくお願いします。5時15分に再度この会議室に集まってください」

若手主任の号令のもと、皆それぞれの持ち場に戻っていった。まるで母親の帰りを待っていた子どものように、電話がけたたましく鳴り始める。「うまくいきますように」京子はメンバーが忙しく電話対応している様子を見つめて祈った。

自席に戻りがてら、京子はふいっと拓郎のパソコンのデスクトップに目をやった。パンダのかぶりものをした垂れ目の美少女キャラがにまっと笑っている。口元から出る吹き出しには、麻衣香が配布した「夏のキャンペーン実施中！……」の文字が並ぶ。へえ、自分専用にカスタマイズしたんだね。なかなかやるじゃない。京子は妙に感心した。

これで、呼損やオペレーションミスが減るといいんだけれど…。

「あ、そういえば…」

そういえば、実際に呼損がどれだけ発生しているか、すなわち呼損の数を測ることはできないのかしら？　それがわからなければ、呼損削減の効果って証明しづらいものね。

「ねえ、技術担当さん。呼損の数を把握したいなって思うんだけれど、なんとかならない？」

「ううん…。はっきりいって無理ですね」

あっさり、きっぱり。拓郎は正面のモニター画面を見つめたまま素っ気なく答えた。その横顔にへばりついたモミアゲは、京子が拓郎に初めて出会ったときと較べてだいぶ伸びていた。いつもこの角度で会話していると、モミアゲの成長具合が手に取るようによくわかる。そんなことは、どうでもいい。いま大事なのは、呼損をどう測るかよ。

「ＣＴＩでも入れればいいんでしょうけれど…」

「シーティーアイ？」

聞いたことのない言葉だ。システム用語だろうか？

「Computer（コンピューター）Telephony（電話方式）Integration（統合）の略です。入電があったときに、相手の電話番号から顧客情報を表示したり、入電や呼損の数や傾向を測定できたり、電話の機能と連携してコールセンターやサポートセンター業務を効率化するシステムですよ。気の利いたコールセンターやヘルプデスクなら必ず導入しています。…って、ＣＴＩって言葉くらい知っておいたほうがいいですよ、主任」

京子はイラっとしつつも、我に返って自分の無知を反省した。と、ともに通信販売部のシステムの貧弱さに改めて悲しくなった。

ＣＴＩシステム…すぐには無理でも近い将来導入して呼損を定量的に測定できるようにし、呼損を減らしてタイムリーに注文の電話を受けられるような改善につなげていきたい。受注の機会損失を減らすんだ！　あ、これもインシデントとして記録しておこう。

京子は自席に戻り、パソコンを開いてインシデント管理簿を立ち上げた。そして、次の１行を追加した。「呼損を測定できるようにしたい。　種別：改善提案」

ルミパルでは例年、10月から12月にかけて情報システム部による「部門ヒアリング」が実施される。情報システム部の担当者が国内マーケティング部、経理部、通信販売部など、社内の各部門に対して次年度の社内システムの導入や更改の要望を聞いて回るのだ。そこで投資対効果が認められ、採択されれば晴れて翌年度に新しい業務システムの開発や更改がスタートする。システム導入の必要性をきちんと説明できるようにするためにも、システム化の要望を「インシデント」にして整理しておかなくちゃ。情報システム予算が年々寂しくなる近年、なんとなく「仕事をラクにほしいからシステム入れて頂戴」では門前払いされる。業務の課題を把握して管理し、その上で部門の総意としてシステム導入の要望を上げる。そうすれば、情報システム部も動きやすい。そのためにも「インシデント管理」「問題管理」の仕組みをしっかり回して日常の業務をコントロールする。日々のプロセスが大切なのだ。

「近い将来、通信販売がルミパルの主力になる日が来るかもしれないですよ」…京子は、朝の打ち合わせで宣伝部の南田が言っていた一言を思い出した。この通信販売部が主力に？…まさかね。そう思いつつも、京子はマウスをギュッと握り締めた。

5時になった。電話対応の終了時間だ。新運用開始の初日は特段問題なく過ぎ去った。京子は会議室に全員を招集し、夕会を開いた。未クローズインシデントの確認と、その日のうちにお客様に回答しておきたい問い合わせを確認する。とりわけ、清美が受けた問い合わせを重点的に確認した。清美は明日から2日間休暇を取得するからだ。未クローズの問い合わせは、誰かに引き継いで対応してもらわなければならない。清美が持っていた問い合わせ2件は、千早と麻衣香が対応することになった。

「注文対応だけに専念できるので、効率的でよい」『いつもより多くの電話に対応できたと思います』これはルミオペの2人の感想だ。さっそく効果が出始めている。しばらくこの運用を続けつつ、もっともっと改善できる余地がないかを考えて実行しよう。

定時後のオフィス。残っているのは、拓郎と麻衣香と京子の3人のみ。いつも残業している千早も、ルミオペの2人も今日は時計の短針が「6」に差し掛かるかかからないかのうちに帰っていった。徐々にでも、メンバーの残業を減らしていきたいものだ。

「いま、何やっているの？」

京子が麻衣香に声をかけた。麻衣香は左手でお菓子をつまみながら、パソコンのモニターに熱心に見入っている。インシデント管理簿のエクセルのシートが映し出されていた。

「はい。今日どんなインシデントがあったのかな？って見て復習しています」

麻衣香は脇に置いていたチョコチップクッキーの箱を、京子に差し出した。京子は片手でお礼のしぐさをし、その中の1枚をひょいとつまんだ。

「こうして管理簿を見ていると、いろいろなことがわかりますね。今日はこんな問い合わせがあったんだな、とか、こんなクレームを言うお客様がいるんだとか。清美さんや千早さんはこう対応をしているんだ、って先輩の仕事のやり方を知ることもできます。いままで、他の人がどんな対応をしているか知る機会がなかったけれど。すっごく勉強になります！」

そうか、インシデント管理簿は教材にもなるんだ。確かに、ひっきりなしに電話をとっているオペレーターにとって、他の人がどういう受け答えをしているかを知る機会ってなかなかない。こうして日々のお客様とのやり取りの内容をインシデントとして記録しておけば、新入社員の麻衣香は先輩社員の対応方法を知ることができる。ベテランの清美さんや千早さんだって、足りない知識を補うことができる…とは本人たちには言わないでおこう。怖いから。

そして、対応履歴がしっかり書かれていれば、他の人への業務の引継ぎも容易になる。京子はインシデントをきちんと記録することがいかに大事か、改めて実感した。

まだまだインシデント管理の効用はありそうだ。京子はクッキーを口に運んだ。

そして、今日もまた麻衣香と一緒に夜のルミパル別館を後にする。住宅街の中の、駅へと向う小さな通りを肩を並べて歩く2人。夏祭りが近いのだろうか？　近所の公民館からピーヒャラピーヒャラと笛を練習する音色が夜風にのって耳をくすぐる。

「そういえば、そろそろ七夕ですね〜」

不意につぶやく麻衣香。街灯の明かりに照らされて、白いブラウスが時折明るく光る。もうそんな季節か。この1カ月とちょっと、めまぐるしく走っていて気づく余裕がなかった。

「京子センパイの彦星様は、どこにいるんですか？」

麻衣香はうふふと笑って尋ねる。京子は明るく「さあね」とだけ答えて視線をそのまま空に移した。うっすらとたなびく灰色の雲、そこに赤い灯を点滅させて横切る機体の影が見えた。

＊＊＊

次の日。京子はメンバーの電話対応の様子を観察してみることにした。通信販売部に着任してから今までの1カ月とちょっと、管理の仕組みを作って回すことばかりに目が行っていて、誰がどんな風に応対しているのかじっくり見たことがなかったからだ。仕組み作りも大事だけれど、現場をこの目できちんと見て理解しなければ改善なんてできっこない。

朝会を終えてメンバー一同、自分の席でスタンバイする。清美は今日明日は休暇で不在だ。電話対応開始の10時を回ってまもなく、着信音がけたたましく鳴った。この音は、問い合わせ・要望専用窓口への入電だな。千早がさっと受話器を取る。

「お待たせいたしました。ルミパル通信販売部でございます」

慣れた口調で定型のあいさつ文にはじまり、続いてお客様の名前や用件を聞き出す千早。京子は斜め後ろ、少し離れたところに立って眺める。

「…へえ、それはドキドキですね。で、ちなみにお相手はどんな方なんですか？　写真はご覧になられて？　まあ、京大のイケメン！　それはそれは楽しみじゃないですか…」

んん？　これは、お問い合わせなのかしら、それともご要望？　まさかクレーム？　千早が発する言葉から、京子はその内容を察することができない。もう少し話しを聞いてみよう。

「…それは、きっと照れていらっしゃるのよ。私の父もそうでしたもの。本当、男親ってそういうとき、自然に振舞えないものなんですよね。あはははは」

？　何が「あはは」なんだろう？　千早は誰と何の話をしているのかしら？

世間話が延々と続く。すでに12分を経過している。そこでようやく本題になったようだ。

「お客様のおっしゃるとおりですよ。私も実は、あのスカーフにあの色はどうかなって思っているんですよ。でも、ほら、中の人間からって進言しづらいじゃないですか。そうなんですよ。お客様に声を上げていただけると助かります。…え、あら、まあお上手。おほほほほ！」

おほほほほ…って、いったい何？　まさか、私用電話をしているわけじゃないよね。

そこで千早は受話器を置いた。京子は腰をかがめて後ろから恐る恐る声をかける。

「あ、あの、千早さん…。随分と楽しそうでしたけど、いったいどなたとどんな会話を？」

「ああ、富山の常連のお客様よ。先月、販売開始した『夏色スカーフ』に気に入った色がなくて困っている。黄色の発売予定はないのかしら？ってそんなご要望でしたわよ」

千早は平然としている。

「ええと、京大のイケメンとか、旦那さんが照れてどうとかって聞こえたんですけれど…」

「あ、あれね。大阪の大学に通う娘さんに彼氏ができたらしいのよ。で、その彼を夏休みに富山に連れてくるんですって。その彼ってのが、イケメンの京大生。いいわよねぇ。あ、それでね。富山で一緒に食事することにしたらしいのよ。でも、旦那さんが照れちゃって、『俺も一緒じゃなきゃダメなのか？』とか『その日ゴルフの予定が入りそうだ』とか言っているらしいのよ。まったく、男親って面倒くさいわよね〜。あ、京子ちゃんのお父さんもそんな感じ？」

急に「おしゃべり好きのおばちゃん」の顔になる千早。なんだか楽しそうだ。

「あ、はい…用件はわかったので大丈夫です。管理簿への記録、よろしくお願いします」

ひとまず、それ以上何か言うのも聞くのも止めた。それにしても、対応に時間をかけすぎ…。

そう思って席に戻ろうとしたとき、今度は麻衣香の電話対応が気になった。

「あ、あの…そういう質問には…。い、いや、ですから」

両手で受話器を押さえながらうつむき顔。明らかに困った表情だ。

「そんな…。そんなことありません。も、もちろん、は、履いています！」

それまで弱弱しかった口調が、突然叫びに似た主張に変わる。京子は咄嗟に麻衣香の電話機の「スピーカーフォン」のボタンを押した。

「あ、そう。じゃ、パンツしっかり履いているんだ。でもさ、今日なんて蒸し蒸しで暑いじゃない。蒸れてツライでしょ。『脱いじゃいたい』って思ってない？　きっと、そうだ…ほら、脱いじゃいなよ…。ねえ、何か言ってよ…」

な、何これ…!!　変質者からのイタズラ電話かしら。白い頬を赤くして下を向く麻衣香。きっとこの手の電話は初めてなのだろう。

「あ、お電話変わりました。わたくし、主任の友原と申します」

京子は受話器を奪った。そして、お婆さんかと思うようなしゃがれた声で話した。その豹変振りに、麻衣香も千早も、そしてルミオペの2人も目を丸くした。拓郎は相変わらずパソコンの画面の中の世界に没頭していて、微動だにしないけれど。

「若手が大変失礼いたしました。これからは私が対応させていただきます。対応品質向上のため、お客様との通話を録音させていただきます。どうぞご容赦ください。で、いま一度ご用件を承りたいのですが。あ、大変失礼ですが、私少々耳が遠いもので、お手数ですができるだけ大きな声で、はっきりとおっしゃっていただけると助かります」

京子はしゃがれ声そのままに、「大きな声で」と「はっきりと」の部分を強調した。

「あ…、いや、その…ま、ま、間違えました！」

相手は慌てて電話を切った。スピーカーフォンからは、話し手がいなくなったことを示す電子音が「ツー、ツー、ツー」と空しく響く。

「す、すみません。京子さん…」

麻衣香は恥ずかしそうに頭を下げて、受話器を受け取った。

「こういうのはね、断り方ってのがあるのよ」

あっけらかんと言い放つ京子。

「それにしても…。す、すごいですね。京子さん、あんな声出せるんだ」

目をぱちくりさせる麻衣香。

「あれ、言ってなかったっけ？　私、高校のとき演・劇・部。お婆さんとか魔女とか、そんな役ばっかりだったけれど。こんなところで役に立つとはね」

千早もルミオペの2人も「なるほど」って顔をして京子を見た。

「たまに、こういう変な電話入るのよね。特に、男性からの電話は要注意よ」

千早が語る。確かに、ルミパルの通信販売は男性向けの商品は扱っていない。男の人からの電話は警戒するに越したことはないのかもしれない。

「これもインシデントにしておいてね。後でこういう電話の『かわし方』をみんなで考えよう」

京子は麻衣香にさらりと指示してその場を去った。

「ううん…インシデントの件名、なんて書こう…」麻衣香は悩ましかった。内容が内容だけに、赤裸々に記述するのがのがためらわれたからだ。


そしてまた通信販売部の1日が終わる。今日は楽しみにしていた同期会がある。よって、京子は定時で退社すると決めていた。京子は1日メンバーの電話対応を観察して、あることに気がついた。電話対応の時間が長い。たとえば千早。話しぶりはテキパキしていてよいのだが、世間話や無駄話が多い。一方で麻衣香は、無駄な話はほとんどしないのだが話すスピードがとにかく遅い。丁寧で一生懸命なのはいいが、端で聞いていても時折じれったく感じる。ルミオぺの2人は、いまや注文対応専門要員なので淡々と対応ができているようだが、さらなる改善を目指してほしい。電話対応の所要時間。ここに改善の余地がありそうだ。

帰り際、庶務業務を兼ねている千早に京子はあるお願いをした。

「ストップウォッチをメンバーの人数分、購入手続きしておいてもらえますか?」

そう言って京子は自分のパソコンをシャットダウンした。

各駅停車に乗る。京子は座席に腰掛けた。どこかの会社のサラリーマンかな? スーツを着た2人組みの声が聞こえる。上司らしき男が、若手の男にアドバイスをしている。

「チームリーダーってのは、優しいだけじゃダメだ。お前には、厳しさが足りないと思うよ」

そうか、厳しさも必要か…。いままで意識したことなかったかも。京子は、真正面の窓に四角く切り取られた黄昏のビル群を見つめながら内省した。

＊＊＊

1週間が経った。品川区郊外の住宅街にあるルミパル本社。その本館と京子たちのいる別館を隔てる道路は、地元の小学生の通学路になっている。今日も朝からたくさんの子どもたちの声が元気にこだましている。夏休みが近いからか、いつもより足取り軽く、声も高らかに感じる。そんな7月半ばの光景を、京子はビルの3階から見下ろしていた。

「いやぁ、悪い悪い。待たせたね」

都築が肩で息をしながらフロアに現れた。すぐにデスクの袖から黒い扇子を取り出しパタパタ始める。エレベーターのない古いビルの3階。出社するだけでそれなりの運動になる。京子は自分の椅子を都築のデスクの正面まで転がし、腰掛けた。都築に業務報告をするためだ。朝イチのこの時間につかまえないと、またどこかへ行ってしまう。朝が勝負よ。

改善策を講じてから、オペレーションミスも目に見えて減ってきているし、電話対応の一次完結率も75％を超えた。目標の80％まであと一息。そして、注文受から発送までのリードタイム遵守率。全注文の92％が、目標リードタイムの半日以内に発送できていた。目標の

90%はすでに達成した。A3の紙に印刷した数字とグラフを指さし、京子は説明する。

「さっそく効果がでてきているじゃない。ベリーグッド」

弾んだ声で京子を褒める。たまに英語を挟むのは、彼なりの照れ隠しなのかな。

「さらに、もう一歩踏み込んだ改善にチャレンジします」

京子は力をこめた。

「ん？　もっと頑張っちゃう？　すごいな友ちゃん…。で、どんなことするの？」

扇子を机の上に置き、京子の目を覗き込む都築。

「呼損の削減です。具体的には、メンバーの電話1件当たりの対応時間を減らします」

その口ぶりに、京子の決意が感じられる。

「ほほぅ」

「ウチのメンバー、電話の応対に時間をかけすぎです。一方、『電話がなかなかつながらない』『やっとつながった』ってお客様の声が上がっています。注文を諦めるお客様もいらっしゃることでしょう。これ、もったいないですよね。電話応対の目標時間を…そうですね、たとえば1件あたり5分以内としましょうか。全員が5分以内に通話を終えるよう管理する。それにより、機会損失を減らして売り上げアップを目指す。どうでしょう？」

京子は「管理」というコトバを強調した。いままで「非管理」だったに等しい職場だ。

「頑張るね。そういえば、ストップウォッチの購入依頼を上げてもらっていたっけね。とりあえず承認しておいたけれど、何に使うの?」

都築が「そういえば一応聞いておかなくちゃ」って顔で問う。

「メンバー一人ひとりに応対の時間を測って記録してもらうようにします。で、目標時間の5分をオーバーしている場合は、時間内に収まるように改善指導しようかと…」

「へぇ〜、そこまでやっちゃう? ま、いいけど。友ちゃんに任せるよ!」

「では、そういうことで」

京子はペコリとお辞儀をして立ち上がった。


ストップウォッチは昼過ぎに届いた。小さなダンボールが一箱。京子は早速箱を開けて包装を解いた。すぐにでもメンバーに配りたかったが、今日は朝から電話が鳴りっぱなし。夕会まで待とう。とはいえ、手をこまねいているのももったいない。そうだ、せっかく届いたストップウォッチ。まずは私がこっそりメンバーの電話対応時間を測ってみよう。京子は電話が鳴るたびメンバーの後ろに立ち、時間を計測した。概ね次のような結果が得られた。

- 麻衣香…平均12分
- 清美…平均10分
- 千早…平均15分

●ルミオペの2人…平均6分

ルミオペのメンバーの対応時間が比較的短いのは、注文受け専門部隊だからだろう。問い合わせやクレームよりも、注文を受ける方が時間はかからない。問題はあとの3人。時間をかけすぎている。メンバー一人ひとりに時間を意識してもらい、短縮してもらわなくちゃ。「時は金なり」そんな一言が京子の頭をよぎる。

夕会の時間だ。朝会と夕会の運用を開始して2週目。声がけしなくても、皆、自然と会議室に集まるようになった。ロの字型に配置された机の上に、ストップウォッチが並んでいる。メンバーはそれを見た瞬間「これ何？」って表情をした。全員揃った。

「明日から皆さんには電話対応をする際、これを使って所要時間を測っていただきます」

京子はストップウォッチを右手で持ってかざした。

「電話対応の所要時間の削減を目指します。それにより呼損を減らし、注文対応件数を増やして売り上げ増を目指すためです。電話1件当たりの目標所要時間は5分とします」

一瞬の沈黙の後、会議室がざわついた。「5分ですって…」「そんなの無理よ」千早と清美が不満を言う。ルミオペの2名も顔を見合わせて表情をこわばらせた。まあ想定内の反応だ。でもやるしかない。今までがぬるま湯だったのだから。麻衣香はきょとんとしていた。

「明日から自分の電話対応時間を毎回測って、インシデント管理簿または受注管理システムの備考欄に記録してください。よろしくお願いします」

そう言って京子は部屋を出た。どんよりとした空気に包まれる会議室。

「私たち…なんだか機械みたい」

「あの子最近、測定測定、数字数字って…。嫌な感じよね」

清美のため息と千早のネガティブな感想が交錯する。その声は、京子には届かなかった。

＊＊＊

次の日。この日も朝からお天道様がジリジリと路面を照らしていた。今年の夏の太陽はいつになく勢いがよい。京子は「朝の涼しいうちに」と思って早起きして家を出たが、その期待は見事に打ち砕かれた。1秒でも早くエアコンの効いたオフィスで涼みたい、そう思ってルミパル別館の階段を駆け上がる。

水曜日の朝8時10分。まだ誰もいない。京子は肩にかけたバッグをデスクに降ろしながらパソコンの電源を入れた。2つの島を見渡す。机の上には、昨日届いたばかりのストップウォッチが出番を待って控えている。「目標時間5分！」…京子は呪文のようにささやいた。

そのとき、電話のベルが鳴った。この音は、お問い合わせ専用電話のものだ。どうしてこの時間に電話が鳴るの？　ははあ、さては拓郎くん、音声ガイダンスを設定したときに営業時間外のセッティングを忘れたな…。まったくもう！　京子は受話器を取り上げた。

「お、お待たせいたしました、ルミパル通信販売部でございます」

出だしの声が上ずる。無理もない。京子自身は電話対応に慣れていないのだから。

「あ、ルミパルさんですか。フタバと申します」

男性だ。声から察するに、年は30代半ばから40代といったところか。「特に、男性からの電話は要注意よ」…瞬間、この間の千早の助言を思い出す。男性客が、こんな朝早くにわざわざ電話してくるなんて怪しい。慎重に対応しなくては。

「フタバ様ですね。お電話いただきありがとうございます。どのようなご用件でしょうか？」

なるべくソフトな口調で話そうとするが、どうしても顔が強ばる。

「ええ、何度もお電話したのですが一向にご対応いただけないようなので、再度お電話している次第です…」

フタバは淡々とした口ぶりで苛立ちを伝える。どうやらイタズラ電話ではなさそうだ。一向にご対応いただけないとはどういうことだろう？　さっきとは別の緊張感が走る。

「先週の金曜日にも、こちらにお電話して回答をお願いしたのですけれど…たしかヒロマチさんって女性だったかな」

「それは大変申し訳ございません。ただいま、対応履歴を確認いたします」

誰もいないオフィスで、ぺこぺこと頭を下げる京子。その先には、拓郎の机の上の美少女フィギュアが並ぶ。制服姿のフィギュアに頭を下げる主任。なんともシュールな光景だ。

京子は左手で受話器を持ちつつ、右手でマウスを操作してインシデント管理簿を開く。「フタバ」の文字を検索した。あった！　あれれ、でも日付は6月13日になっているな。


『インシデント番号：270　分類：問い合わせ　お客様氏名：二葉 和浩（40歳）　件名：1月に購入した化粧品について。登録者：塙 清美　ステータス：2・対応中』


二葉和浩氏の対応履歴はこの1件のみだ。昨日、千早が受けたらしき形跡は、少なくとも管理簿には見当たらない。どういうことだろう？　首をかしげる京子。

「あのですね。一度、責任者の方とお話しがしたいのですが、そちらにお伺いすることは可能ですか？　電話ではご対応いただけないようなので、対面で要望を聞いていただければと」

しびれをきらした二葉が続ける。相当苛立っているはずだが、変わらず淡々としている。二葉の職業はエンジニアか何かだろうか？　京子は電話の向こうの見えない相手に、冷静な技術者の姿を勝手に重ねた。

「とんでもございません。こちらからお伺いし、今後の対応も含めてお話させていただきます」

少なくとも清美が対応を放置しているのは間違いない。真摯に対応しよう。

「そうですか。それでは、本日お越しいただくことは可能ですか？　今日はたまたま自宅におりますので。急で恐縮ですが」

二葉の声が少し柔らかいトーンになった。都築の予定を確認する。珍しく午後は丸々空いているようだ。ええと、二葉の住所はと…。京子は再びインシデント管理簿に目をやる。東京都大田区矢口南3丁目、ここから30〜40分もあれば行けそうだ。早速、今日の午後訪問しよう。

「ありがとうございます。それでは本日14時にお伺いさせていただけますでしょうか？　課長の都築と、わたくし友原の2名でお邪魔します」

京子はひとまず電話を切った。少しほっとした。しかし、気を緩めてはいけない。6月から対応を放置していた事実。猛省しなければならない。ステータスが「対応中」のままになっていたのに、いままで気づかずそのままにしてしまっていたとは…。これは、管理者の京子の落ち度だ。他にも放置してしまっているインシデントがないか、午前中に総点検しよう。

もう1つ。先週金曜日にも二葉からの問い合わせを千早が受けていたとのことだが、これは事実だろうか？　管理簿には記録がない。これは、後で千早に確認すればわかることだ。

「あ〜。はいはい。二葉さんね。確かに私が受けたわよ」

事実確認、10秒で完了。微塵も反省の色を見せずに、またしてもあっけらかんと答える千早。

たいしたもんだわ。…って、受けたんだったら、何で管理簿にきちんと書かないのよ！

「ほら。男の人からの問い合わせだし、なんか怪しいなって思って取り合わないことにしたのよ。以前に購入した化粧水がなんたらって言っていたけれど、そんな購入履歴ないし。……あ、ちゃんと受注管理システムを立ち上げて購入履歴を調べたのよ。二葉和浩さんが買った履歴ナシ。だいたいウチは男性化粧品扱っていないのに、なんで男の人が買うのよ」

言われてみれば、その点は不審だ。そもそもなぜ男性である二葉氏がウチの化粧品を？

「6月にも同じ問い合わせしたっていっているけど、麻衣香ちゃんみたいな若くて可愛いオペレーターと話したくて何度も電話してきているだけじゃないのかしら？」

理由はどうあれ、放置するのはいかがなものか。そういう仕事の仕方は困る。

「偏見で決めつけるのはどうかと思いますよ。それから、インシデント管理簿はきちんとつけてください。フォローできないですし、お客様にご迷惑をおかけしますから」

「あら、ごめんなさい。でもね、電話取りながらインシデント管理簿もいじって、受注管理システムもって、まあ面倒くさいわよね。あ、やりますよ」

「面倒くさいとか、そういうことじゃないでしょう。仕事です。割り切ってください」

今度ばかりは怒りを隠せない。京子は気持ちをストレートにぶつける。

「はーい」

千早はあからさまに京子から目を反らして、気のない返事をした。

「何よ、あの娘《こ》…。自分はほとんど電話なんて取ったことないクセにさ」

京子がトイレに立ち去ったのを見届けて、千早は吐き捨てるように言った。

＊＊＊

バスの車内はほどよく空いていた。平日お昼の郊外路線。地元の高齢者や子連れの主婦がちらりほらり乗り降りする程度だ。京子は都築と一番後ろの座席に並んで座っていた。バスの小刻みな振動に合わせて、小さな肩といかつい肩が上下に揺れる。昼に食べたエビチリ定食がいい具合にお腹にたまってきていて、油断すると居眠りしてしまいそうだった。

「こういうクレーム対応やお詫びの訪問って、いままでどうしていたんですか？」

京子は眠気覚ましも兼ねて聞いてみた。本当にどうしていたのだろう？

「峰森君が対応してくれていたんだけれどね。そういうの、彼にとっては重荷だったのかな…。いや、申し訳ないことをした」

本当に申し訳ないって思っているのかしらね…。都築の日に焼けて赤みがかった頬をちらっと見て、再び窓の外に目を移した。

「次は、多摩川大橋、多摩川大橋…」

「あ、次です都築さん。降りますよ」

京子は壁の降車ボタンに手を伸ばした。

バスを降りるとほぼ同時に京子は日傘を開いた。今日も夏の日差しは容赦ない。行き交う車の流れにあわせて、熱風が顔に当たる。川向こうの空は白く霞みがかり、遠景を遮っていた。国道1号線を渡り、いったん立ち止まる。京子はＡ４の紙に印刷した地図を取り出して開いた。立ち止まって息をしているだけで、額にも背中にも汗がにじむ。

「こっちのようですね」

2人はバスが走ってきた国道に背を向け、細い道に入る。打って変わって往来が少ない。すぐ左手は物流倉庫。フォークリフトが2～3台、大型トラックに荷積みをしていた。

炎天下の町の人影はまばらだ。裏通りはなおのこと。日傘を差した京子が、そして上着を肩に担いだ都築が扇子をパタパタさせて後に続く。こういうとき、自分の仕事は外回りでなくて本当によかったと思う。

人気《ひとけ》のない住宅街。「～印刷」「～精機」「～製作所」などの看板を掲げた小さな工場や事務所が点在し、バタンバタンと何かを打つ音が聞こえてくる。時が止まったようなこの町にも人の営みがある。この印刷所にしても、あの工場にしても、外からわからないような小さな改善の積み重ねがあって、いまがあるんだ。京子は、外壁の脇に詰まれた金属の廃材を見ながら、そんな人々のたゆまぬ努力に思いを巡らせた。

工場と住居がひしめき合う町。何でだろう？　はじめて訪れる場所なのに、何度も来たことがあるような気がする。都築も「懐かしい雰囲気だね。ここ」と目を細める。突き当たりには昔ながらの雑貨屋さん。軒先に吊るされたひょうたんが、ゆらゆら揺れる。

金属加工の音とスズメの声が静かに響く。その小さな声の主たちは、2人が近づくと電線を離れ神社の森へ飛び立ってしまった。つがいのアゲハチョウがひらひらと夏の空に舞う。

次の瞬間、空が開けた。目の前には土手が横切る。多摩川の河川敷にやってきたようだ。そこから一段低いところに、片側一車線ずつのバイパス道路が走る。

「この道をまっすぐ行って、右にそれたところが二葉さんのお宅ですね。あ、あそこかも」

京子はバイパスの右手に奥まる住宅街を指さした。あと一息。京子は自分に言い聞かせて先を急ぐ。二葉家はその一角にあった。2階建ての小綺麗な白い一戸建てだ。

そのとき、ピンク色のゴムボールがころころと転がってきて京子のヒールの先を打った。

「ボール、ボール！」

ツインテールの小さな女の子が、京子の足元に駆け寄ってくる。

「はい、どうぞ。お嬢ちゃん、ここのおうちの子？」

京子は日傘を閉じ、ボールを両手で拾って持ち主に返す。

「うん。そうだよ。二葉ひなたって言うの。5歳！」

ひなたちゃんか。明るくてかわいらしい名前だな。5歳ってことは幼稚園児かな？　京子は顔が緩むのが自分でもわかった。

「おねえちゃんは？」

「私は、友原京子っていいます。よろしくね」

「じゃあ、きょうこおねえちゃんだね！」

ひなたは元気いっぱいに叫ぶ。京子お姉ちゃんか。自分は2人姉妹の末っ子だからか、お姉ちゃんなんて呼ばれたことなかったな。なんだか嬉しい。くすぐったさを感じつつ、顔を上げたそのとき。玄関の扉がガチャっと開いた。

「ルミパルさんですか？　二葉です。どうぞ、お上がりください。ほら、ひなたも」

都築と同い年くらいの男が現れた。白いポロシャツにチノパン。都築より一回り、いや二回りくらいかな、痩せて見える。

2人は奥の部屋に通された。畳敷きの部屋の真ん中には、大きな座卓が1つ。紺色の座布団が並べてあった。二葉に促され、都築と京子は並んで腰を下ろす。床の間には小さなガラスの水槽があり、メダカが5匹泳いでいた。「ひなたが飼っているんだよ！　この子がスイちゃんで、この子はメルちゃん…」ひなたは、突然の来客にニコニコ顔だ。後ろの襖がスッと開き、エプロン姿の白髪交じりの女性が現れる。「どうぞ」と言って麦茶と水ようかんを差し出した。ひなたが「ばあば」と呼んでいるところを見ると、二葉の母親のようだ。

「今日はお休みですか？」

都築が切り出す。

「はい。今日はたまたま野暮用があって有給休暇を取りました。普段は、平日は仕事に出ていますよ。お二人と同じ会社員ですから」

二葉は都築と京子を交互に見て、麦茶を一口飲んだ。

「そのお休みのところ、お時間をいただきありがとうございます。また、私どもが大変失礼な応対をしてしまい、本当に申し訳ございません」

京子は都築と一緒に深々と頭を下げた。

「まあ、それより改めて用件を聞いてください。そのためにお越しいただいたのですから」

二葉はきわめて冷静だった。京子の想像どおり、細面で眼鏡をかけたエンジニアのような雰囲気の男だ。相当怒っているだろうと覚悟していただけに、京子は救われる思いがした。

「はい。誠心誠意対応させていただきます！」

京子は手帳を取り出して、ペンをギュッと握り締めた。二葉がゆっくりと口を開く。

「実は、半年ほど前に私の妻が御社の通信販売で買った化粧品、それが何なのかを調べて教えていただきたいのです。あ、これって別に無理難題ではないですよね？」

二葉は二人の顔色を伺った。京子は、正直「え、そんなこと？」と思った。受注管理システムを叩いて、二葉の奥さんの購入履歴をたどればすぐ回答できる。二葉の言うとおりまったく難題ではない。というか、こんな単純な問い合わせをいままで放置していた部下…いや、自分たちが情けない。京子は心底、申し訳なく思った。

「残念ながら、何度かお電話しても取り合っていただけないようでしたが…」

京子と都築は再びすみませんと頭を下げた。二葉は淡々と続ける。

「いや、謝っていただくより、とにかく探していただきたいのです。で、いつまでにご回答いただけますか？　こちらもあまり時間がないもので…」

壁掛けのカレンダーをちらりと見る二葉。2人もつられてそっちを見る。7月ももまもなく折り返し地点。もうすぐ8月だ。

「本日すぐに調べて、お電話します。いかがでしょうか？」

二葉は快諾してくれた。会社に戻ったら最優先で対応しよう。京子は二葉の携帯電話の番号を聞き、手帳にしっかりとメモをした。

そこでふと気になった。なぜ、二葉氏は奥さんが買った化粧品を知りたがるのだろう？　知ってどうするのだろう？　何らかの事情があって知りたいにせよ、本人に直接聞けばいいのに。二葉氏の行動には不可解な点が多かった。

帰り際、都築が手提げ袋から菓子折りを取り出してお渡しした。ひとまず退散。

二葉家に背を向けてバイパスを渡り、川沿いの土手の道を歩く。帰りは陽射しが少しは柔らかになっているかと期待したが、甘かった。2人は再び炎天下を歩き出す。

「きょうこおねえちゃーん！」

甲高い声に呼び止められる。振り向くと、水色の歩道橋を一目散に駆けて来るひなたの姿があった。もしかしたら、私忘れ物でもしただろうか？　キョロキョロしていると、ひなたが京子のスカートをつかんだ。

「ねえ、遊ぼうよ。せっかく来てくれたんだし。まだ大丈夫でしょ？」

あ、忘れ物をしたんじゃなかったのね。小さな体が京子の足にまとわりつく。かわいいな。でも…参った。このまま仕事を放棄してここで時を過ごすわけにはいかない。

「嬉しいなぁ。でも、おねえちゃん帰ってお仕事しなくっちゃ。そうじゃないとパパとのお約束、守れないしね」

京子はついさっき二葉と交わした回答期限を思い出す。

「やだ！　おねえちゃん、もう帰っちゃうの？　嫌だよ〜。遊ぶ…ケホ、ケホ、ケホっ」

ひなたが急に咳き込んだ。白い顔を真っ赤に染めて嗚咽している。無理もない、この暑い中あんなに必死に走ってきたらそうなるだろう。京子はしゃがんで「ひなたちゃん、大丈夫？」とひなたの背中を優しくさすった。そこに祖母が追いついた。

「ひなたちゃん、勝手に出歩いちゃダメでしょ！　ほら、こんなに咳しちゃって…もう。一緒に帰りましょう。本当にどうもすみません。ご迷惑をおかけして…」

ぺこぺこと頭を下げる祖母。とんでもない、いろいろと迷惑をかけているのはこっちの方だ。次の瞬間、ひなたが抵抗する。

「つまんない。やだ！　帰らない。ひなた、きょうこおねえちゃんと遊ぶんだもん！」

地団太を踏むひなた。祖母は途方に暮れている。京子は屈んだままの姿勢で、ひなたの顔を下から覗き込んだ。

「じゃあ、こうしよう。また今度来たときに、おねえちゃん、ひなたちゃんと遊んであげるから！　どうかな？　それまで、いい子にしていられる？」

「…ほんとう？　約束だよ？　絶対また来て、ひなたと遊んでね！」

「うん、約束！」

そう言うと、京子は右手の小指をひなたの真っ白な顔の前にひょいと差し出した。すぐに、小さな指が絡みつく。

「うそついたら、針千本飲ーます♪」

ひなたは祖母と手をつないで、もと来た道を帰っていった。その姿を見送って、京子と都築は河川敷の道を歩き出す。

「へえ、友ちゃん小さい子の対応もうまいんだねぇ…」

都築は感嘆の声を上げる。えへん、これでも子どもの相手は結構得意なのだ。

「…で、オトコの対応はどうなのよ？」

おっと。いまの褒め言葉は、それを言いたいがための前フリだったのかい…。

「ピーッ！　教育的指導。そういうのセクハラって言うんじゃないんですか？」

京子は笛を吹くしぐさをして、都築を諫めた。当の本人は苦笑いを浮かべている。

真夏の多摩川の土手の散歩道。ジョギングをする人、サイクリングをする人たちとすれ違い、あるいは追い抜かれる。平日の昼間に運動している人、結構いるのね。京子は眩しくきらめく川面に目線を送る。

「ところであの二葉さん。なんで、奥さんが買っていた化粧品なんて知りたがるんですかね？ そもそも、奥さんに直接聞けばいいのに、なぜわざわざ私たちに？」

話題を変えがてら、都築の意見を聞いてみた。

「えっ、わかんなかった？ 鈍いなぁ、友ちゃん。俺はピンと来たよ。サプライズだよ。サ・プ・ラ・イ・ズ」

意味がわからない。京子は「はあ」って顔をした。

「きっと奥さんの誕生日が近いんだよ。で、プレゼントに化粧品をって考えているんじゃないの？ 共働きで忙しい夫婦なんだろう。で、今日は旦那さんが休暇でたまたま奥さんが不在だった。だから、俺らを堂々と家に呼べたわけだ。ネタバレしちゃいけないからな」

あ、そうか！ なるほど。それならば今日、二葉氏が朝イチで電話をかけてきたのにも納得がいく。きっと奥さんが出社した後のタイミングですぐ電話したのだろう。きっといままでも、奥さんがいない隙を見計らって、問い合わせの電話をしていたに違いない。「あまり時間がないもので…」と言っていたが、それだけ奥さんの誕生日が近づいているってことか。そう考えると、いよいよいままでの対応が申し訳ない。本当、ごめんなさい！

「俺だったら、かみさんに何が欲しいのかさりげなく聞いちゃうけど、そういうの苦手な人なんだろうな。あの旦那、シャイな感じだったもの」

「誰かさんと違ってね！」

さっきの仕返しとばかりに、いたずらな表情で都築の横顔をニヤリと見る。

「お、言ったな。こう見えても、俺は純情なんだぞ～」

都築は大きく手を振った。純情って言葉がこれほど似合わない人もいない。京子は都築の横顔を見て、くすりと笑った。黄緑色のススキの葉が風に揺れる。まもなく、多摩川に架かるバス通りが真近に見えてきた。

＊＊＊

「二葉　あゆみ　誕生日：8月27日」

オフィスに戻った京子は、さっそく受注管理システムを立ち上げて二葉の奥さんのデータを調べた。ルミパルでは店舗販売・通信販売かかわらず誕生月はすべての商品が10％オフで買える。よって、多くのお客様が自分の誕生日を進んで提供してくれる。

二葉の奥さん、あゆみの誕生日はもうすぐだ。都築の予想はおそらくビンゴであろう。さすが課長、頼りになる。京子は自分の上司をちょっとだけ見直した。

肝心の商品を調べなくては。半年前、つまり1月の購入履歴を見る。「美白クレンジングキット」「ナチュラル美肌パック」「きらきら春色ルージュ」をお買い上げいただいている。二葉あゆみさんの購入はこの1月が最後。それ以降の注文はない。この3つで決まりかな。

京子は画面を開いたまま、手元の電話機の受話器を持ち上げて二葉の携帯電話の番号を押した。ただ結果をお伝えするだけでは何なので、今回はお詫びの気持ちも込めて商品を直接お届けすることにしよう。

「それはありがたいです。土曜日の夕方しか時間が取れないのですが、大丈夫でしょうか？」

二葉は昼間と変わらぬ、淡々とした口調で語る。土曜日か。休日出勤になってしまうが仕方がない。土曜日ならひなたちゃんと遊んであげられる時間も取れるし、いいかな。さっき「遊んであげる」って指切りしちゃったしね。京子は右手の小指を見つめた。

おっと、ぼおっとしてはいられない。電話を終えた京子はインシデント管理簿を開いた。インシデント番号270番を見つけ、対応履歴の欄に次の文章を書き加える。

『7月13日(水)　奥様が購入された商品を受注管理システムで調査した結果、「美白クレンジングキット」「ナチュラル美肌パック」「きらきら春色ルージュ」と判明。以上3点を、7月16日(土)16時にお持ちすること二葉様と合意。対応者：友原』

ひとまず、このインシデントはそろそろ片がつきそうだ。京子はほっと一息ついた。

このとき、京子は想像だにしていなかった。京子と二葉親子との関係が、予想以上に長く、そしてとても深いものになることを…。

第７章　京子、挫折と試練

窓の外から「夕焼け小焼け」のメロディーが聞こえてくる。区が流す5時の知らせ。まもなく夕会の時間だ。通信販売部へ来てから、1日が過ぎるのがあっという間だ。京子は時刻を意識しながら、慌ただしくインシデント管理簿と受注管理システムの履歴を眺める。今朝からはじめた電話対応の時間計測の結果を確認するためだ。突発で外出していたこともあって、メンバーの様子をこの目で見ていない。管理簿とシステムに記録された数字だけが頼りだ。

- 麻衣香…平均11分(前回12分)
- 清美…平均７分(前回10分)
- 千早…平均８分(前回15分)
- ルミオペの２人…平均４分45秒(前回６分)

うんうん。格段に対応時間が短くなっている。ルミオペの2人はすでに目標時間の5分以内を達成しているし、清美と千早もあと一歩だ。皆、意識的に通話を短くしているようだ。この調子なら問題ないだろう。ただ1人を除いては…。

麻衣香。彼女の対応時間は変わらず長いままだ。たまたま厄介なお客様に当たってしまったのだろうか？　それにしても今日だけで30件受け答えしていて、目標時間5分に収まっているのは1件もない。麻衣香自身の対応方法に問題があるのだろう。

次に、インシデントの状況確認。京子はインシデント管理簿を開いた。今日新たに追加されたインシデントで未クローズのものはない。それよりも、重要なことに気がついた。ここ1週間、発送リードタイムに関する問い合わせが1件もないのだ。チラシやＣＭで、また、電話を受けたメンバーが発送リードタイムを謳い始めた効果が出てきているようだ。

インシデント番号２９２「発送タイミングに関する問い合わせ減らしたい」と、その対策として生まれた問題番号００４「発送タイミングの問い合わせの削減対策」はひとまずクローズさせていいかもしれない。夕会でメンバーと合意をとろう。

5時15分になった。メンバーが会議室に向う。京子もノートパソコンを携えて後に続く。

夕会を始める。京子は早速インシデントの番号２９２番と、問題番号００４番のクローズについて提案した。反対の声は出ない。

「では、２９２番のインシデントと、００４番の問題をクローズします」

京子はエクセルのインシデント管理簿の２９２番の行（レコード）を、続いて問題管理簿の００４番の行（レコード）を選択し、ステータス欄を「４・クローズ」に変えてグレーに網掛けした。ここでそのレコードそのものを削除してはいけない。なぜならインシデントも問題も再発することがあるからだ。あるいは似たようなインシデントや問題が新たに発生することもある（類似インシデント、類似問題）。そんなとき、過去の対応履歴を参照できるようにしておけば、検討の手間が省けるし、注意すべきポイントもわかる。このような、知識の蓄積もインシデント管理、問題管理の重要なポイントだ。

続いて、電話対応の目標時間達成状況を確認したい。「清美さん、平均7分。千早さん、平均8分。麻衣香ちゃん、平均11分…」京子は手元のメモを読み上げた。その結果を聞いて、麻衣香がうつむく。個人攻撃をするつもりはないが、常に目標を達成する意識を持ってもらわなければならない。「チームリーダーってのは、優しいだけじゃダメなんだ」京子はこの間、帰りの列車で乗り合わせたサラリーマンが言っていた言葉を心の中で復唱した。

「あの…わ、わたし、どうやったら手短に電話対応できるでしょうか…。自分なりに、FAQを見たり、管理簿を見て先輩のやり方に倣っているつもりなんですけれど、なかなか…」

おどおどする麻衣香。そのペースはふんわりゆっくりだ。

「それだよ。麻衣香ちゃん」

不思議そうに首を傾げる麻衣香。

「その話し方。前から思っていたんだけどさ、麻衣香ちゃんって話すスピード遅いよね」

京子は麻衣香の目を見てずばり指摘した。

「は、はぁ…はい…」

「友達とのプライベートな会話ならそれでいいかもしれないよ。でも、お客様との電話対応にはどうだろう。もっとハキハキと話すように心がけてもらえないかな？」

京子の一言に場の空気が重くなった。しばらく沈黙の時間が流れる。

「は…はい。気をつけます…」

再びうつむいてしょぼんとする麻衣香。あまりにもストレートすぎる指摘に、周りのメンバーもフォローのしようがなくただ傍観するしかない。

「あのですね、京子さん」

麻衣香は意を決したように、顔を上げて京子を見た。

「なあに？」

「わたし、思っていることがありまして…。その…じ、時間って、そんなに重要なんでしょうか？」

勇気を振り絞る麻衣香。すかさず、京子は問いかけた。

「どうしてそう思うの？」

京子は厳しい表情を崩さない。

「え、あ…ただ、なんとなく、その…」

「あのさ、なんとなくじゃ困るんだよね。これは仕事なんだから」

優しいトーンで言ったつもりだったが、かえってそれが冷たく響く。

「は、はい。そうですよね。ご、ごめんなさい…」

「わかってくれればいいの。目標時間の5分を意識して、明日からまた頑張ってね」

京子は最後に、呼損を減らして売り上げアップを目指しましょうと全員に伝えた。そこで夕会はお開きになった。この後すぐ宣伝部との会議があるため、京子はフロアを出た。

「感じ悪いわよね」千早と清美はささやきあった。その声は、またも京子には届かなかった。


またまた遅くまで残業してしまった。一連の改善活動を始めてから、ルミオペの2人と千早、拓郎の残業は減ったものの(もっとも、拓郎は業務外の残業が多いため、いかに眼を光らせるかだけがポイントなのだが)、麻衣香と京子自身の労働時間がなかなか減らない。麻衣香は今日もインシデント管理簿の分析とFAQの更新に一生懸命だ。いまは業務のやり方の足元を固める時期ってことで仕方ないかな。でも、そろそろ早く帰れるようにしなくちゃ。

2人がオフィスを出るころには、斜め向かいの本社本館のほとんどのフロアの明かりが消えていた。いつものように、駅までの夜道をトコトコと歩く京子と麻衣香。たまに、勤め帰りと思われるスーツ姿のサラリーマン、犬を散歩させる地元の人、ジョギングをする人などとすれ違う。ここが住宅地であることをしみじみ感じる。

「いやー、今日もよく働いたね」

左右の肩をポンポンと叩く京子。

「そうですね。それよりも…」

半歩後ろを歩く麻衣香がつぶやく。

「わたし、本当にまだまだなんだな…」

声のトーンから、うつむいていることがわかる。夕会のときの指摘がこたえたのだろうか？

でもこれは麻衣香自身の成長にとって必要なことだ。緩めるわけにはいかないんだよ。向こうからワゴン車がやってきた。反射的に端によける2人。ワゴンはピっと短いサンキューサインを鳴らして走り去る。あたりは再び静寂に包まれた。

「わたし、京子さんの…、皆さんの役に立てているのでしょうか…?」

麻衣香は突然立ち止まり、京子の目を見つめて訴えた。一瞬、京子は気圧される。

「あたりまえでしょ。麻衣香ちゃんがいなかったら、ここまで改善できなかったんだから」

麻衣香を見下ろして答える。麻衣香のほうが少し背が低いぶん、どうしてもそうなる。

「それならいいんですけれど…」

その声色はとても弱弱しく切なげで、安堵とは程遠かった。

月明かりに照らされて伸びる、新米主任と新入社員の影。やがて駅前の繁華な通りに吸い込まれていった。

＊＊＊

それから2日後。いつもどおり8時ちょっと過ぎに通信販売部のフロアの扉を開ける京子。いつもなら一番乗り…なのだが、今日は人の気配がある。その気配の主は、自席でパソコンの画面を見つめながら何やらぶつぶつ唱えている。

「おはよ、麻衣香ちゃん。今日は早いんだね」

京子は背後から声をかけた。

「あ、おはようございます。京子さん」

にこりと返す麻衣香。気のせいだろうか、いつもより声のテンションが低い。

「邪魔しちゃってゴメンね。何をやっていたの？」

京子は斜め向かいの自席にバッグを下ろし、パソコンの電源を入れながら尋ねる。

「話す練習をしていたんです。インシデント管理簿とＦＡＱを見返しながら、お問い合わせになるべく手短に答えられるように」

麻衣香は京子を見つめて答えた。よく見ると、麻衣香の目の下にはクマができていた。色が白いのでことさら目立つ。

「頑張るね。でも、なんで夜の残業時間じゃなくてこんなに朝早くに？」

ログイン画面が立ち上がる。京子は自分のＩＤとパスワードをタタタッと打ち込んだ。

「はい。夜やるよりも朝のほうがウォーミングアップにもなりますし、忘れないうちにそのまま本番業務で実践できます。それともう1つ…」

麻衣香は一呼吸おいた。

「今日あたり『フォトブック』が届くみたいなんですよ。今日からしばらく、定時後は『フォトブック』の封入作業で忙しくなるそうです。毎年恒例のイベントなんですって」

フォトブック？　毎年恒例のイベント？　いったいなんのことだろう。入社1年目の麻衣香に聞いてもそれ以上わかりそうにない。そこへ清美が出社してきた。聞いてみよう。

「ああ、フォトブックね。毎年この季節に、世界のお花や綺麗な景色の写真を1冊にまとめたアルバムを作っています。それを通信販売部のお得意様にお送りしています」

清美は京子と麻衣香を交互に見ながら説明した。

「お得意様ってどのくらいいるんですか？」

京子が口を開く。

「500名くらいかな。ある一定金額を購入いただいているお客様を、国内マーケティング部がリストアップしてくれるの。一人ひとり、私たちスタッフの手書きの一言メッセージを添えてお送りします。結構骨の折れる作業ですよ。毎年、チーム総出で対応します」

どれほど大変なものなのか、未経験の京子も麻衣香も想像できない。

「しばらく私も残業して対応するようにしますので…」

清美はつけ加えた。そこに千早が出社した。まもなくルミオペの2名、続いて拓郎が滑り込む。ほぼ同時に始業時刻を知らせるチャイムが鳴った。

朝会を終え、各メンバー自席でスタンバイする。天気予報によると、今年の夏は高気圧の勢力が強く例年より晴れの日が多いらしい。テレビ番組や雑誌では「熱中症対策」や「紫外線対策」をしきりに繰り返している。その煽りを受けてか、最近は冷却グッズや日焼け止めファンデーションなどの注文や問い合わせが目立つ。メンバーの対応効率を上げ、より多くの注文を取れるようサポートしなくては。京子の眉間に力が入る。

そうだ、今日は麻衣香の電話対応をしっかり観察しよう。彼女自身いろいろと努力はしているようだが、やはり他のメンバーとの能力に大きな開きがある。リーダーとしてきちんとフォローしよう。京子はストップウォッチを持って麻衣香の座席の斜め後ろに立った。

「ありがとうございます、ルミパル通信販売部でございます。は、はい。UVカットオイルを6歳のお子様にお使いになられたい？　はい、はい…」

ううん、やっぱりまだまだ話すスピードが遅いな。それと、間も長い。お客様の言葉を復唱するのはいいが、回数が多すぎる気もする…。京子は手元のメモ帳にボールペンを走らせた。

応対が終わり、麻衣香が管理簿に記録をし終えたところを見計らって京子が声をかける。

「9分15秒。まだまだ長いよね…」

京子はストップウォッチを麻衣香の前に差し出した。液晶パネルに「9'15」の文字が点滅している。麻衣香はまっすぐ前を見たまま、肩をすくめた。

「やっぱり、もっとテキパキ話すようにしてほしいな。間も長いし、復唱も丁寧すぎてなんだかまどろっこしい感じもする」

「京子ちゃん、何もそこまで言わなくたって…」

いたたまれなくなった千早が口を挟む。

「千早さん…いいんです。わたしが…、わたしが悪いんですから」

麻衣香はうつむいて自分自身を責めた。

「そうはいっても…ねぇ…」

また電話が鳴る。千早は条件反射で受話器を取り、オペレーターの顔に切り替わった。


12時になる。昼休みだ。京子はいつものように麻衣香を社員食堂に誘った。

「いえ…今日はおにぎりを買って自席で食べます…」

あれれ…どうしたんだろう？　いままでこんなことなかったのに。何より麻衣香の声に元気がない。もしかしたら、連日の残業とこの暑さのダブルパンチで食欲がないのかもしれない。「しっかり食べておいた方がいいよ」それだけ伝えて、京子はフロアを出た。

昼休みが終わって10分もしないうちに、フォトブックが届いた。大きな段ボール箱が20箱。

都築の席の隣の空きスペースにどかっと詰まれた。うち6箱には、フォトブックを送付するための専用封筒とメッセージカード用の台紙が入っている。

「来たわね！」

「今年のテーマは『世界の水のある風景』ですって」

「早く中を見てみたい！」

メンバー一同、にわかに作られたダンボールの壁の前に集まってワイワイ。ただ1人、拓郎だけはまったく関心がないようでパソコンの画面と向き合ったままだ。

「ここにおいて置くと汚れちゃうから、会議室に運びましょう」

勝手知ったる清美が声がけし、京子と2人で奥の会議室にダンボール箱を運び込んだ。千早と麻衣香は電話対応をしている。そこに都築が戻ってきた。

「いやいやいや、会議が長引いちゃって。お、今年もフォトブックの季節か！　早いねー」

扇子をパタつかせて、さっきより少し背丈が低くなったダンボールの壁を見る。

「ちょうどよかった。これ、運ぶの手伝ってください！」

京子は声を上げた。相手が課長だろうが遠慮しない。都築は言われるがままに箱を抱きかかえて、清美と京子と一緒に会議室を行き来した。

「都築さん、このまま会議室に残っていただけますか？　業務報告をさせてください」

最後の一箱を都築が床に置いたタイミングで声をかける。

「30分程度ならいいよ」

「15分で終わらせます」

短いやり取りの後、京子は自席に走ってノートパソコンを持ってきた。プロジェクターの電源を入れ、パソコンの画面を壁に映し出す。京子はインシデントの対応状況とサービスレベル目標の達成状況を手短に報告した。オペレーションミス、電話対応の一次完結率、リードタイム遵守率、いずれも目標達成できている。次に、電話対応時間の計測結果を報告する。

「…というわけで、全体的に目標時間の5分以内に対応できるようになってきてはいるものの、新人の山中さんの対応時間が突出して長いので引き続き指導をしていきます」

京子はホワイトボードにメンバー一人ひとりの名前と平均対応時間を書き出し、説明した。

「確かに、対応時間の短縮は大事だね。秋に10近くの新商品が出ると国内マーケティング部からも聞いている。それに先んじて、対応効率を上げておけば秋のキャンペーンでより多くの注文を受けられるようになる。…ただ…」

都築は少し顔を曇らせた。

「目標時間を守ることが目的化しないよう、注意してな」

椅子の背もたれに寄り掛かり、あごに指をあてて言う。

「は…はい…??」

京子はわかったような、わからないようなそんな曖昧な返事をした。いや、「わからない」

のが正直なところだ。実際、電話対応の所要時間が減ったのに比例して、受注件数は増えている。着実に売り上げ増につながるのだ。目標時間を意識して何がいけないのだろう？ 京子は腑に落ちなかった。都築は顔を窓の外に向けて何やら考えていた。

「ねえ、友ちゃん。そもそも、何で電話なんだろうね？」

唐突に都築が尋ねる。それはこっちが聞きたい。電話オンリーでの通信販売が時代遅れであることは、前にも都築に話した。

「さあ、何でなんでしょう」

それ以外の言葉が思いつかない。京子も窓の外を見つめる。住宅街の屋根の向こうに、都心のビル群が霞んで見える。

「化粧品をただ売るだけだったら、インターネットで十分だよね。むしろそのほうが買う側にとっても売る側にとっても効率がいいし、売り上げも上がるかもしれない」

ごもっとも。否定のしようがない。

「俺も答えはわからないよ。なぜいまどき電話だけでやっているのか？ 単に何もしなかっただけかもしれない。でもね、俺はどうもそうは思えないんだよね。きっと電話であることに意味があるんじゃないかな」

京子の方を振り返る。なぜ、電話なのか？ そんなこと、考えたこともなかった。

「またまたこれは俺のつぶやき。忘れてくれていいよ」

都築は人差し指を交差させてバッテンを作った。では、と京子が立ち去ろうとしたとき。

「あ、友ちゃん待って」

なんだろう。都築のほうから京子を呼び止めるなんて珍しい。いや、初めてかも。

「前にも言ったかもしれないけど、『数字』ってなんで大事なんだろうね？　頭の片隅においてみてよ」

それはビジネス目標を達成するために、現状を見える化し、理想状態とのギャップを把握してそれを解消するためでしょう。京子の頭には教科書的なセンテンスがつらつらとテロップのように流れた。京子は「失礼します」とお辞儀をして会議室を出た。

自席に戻る途中、ふと給湯室を見る。ここはフロアの中でも死角になっていて、意識しないと誰かがいるのかすらわからない。京子は人の気配を感じて覗き込む。なんと、麻衣香が右手を壁に突っ伏してもたれるように立っていた。青白い顔で、両目を閉じている。

「麻衣香ちゃん、大丈夫？」

駆け寄り、おでこに手を当てる京子。熱はなさそうだ。麻衣香のひんやりとした感触が伝わってくる。

「は…はい。ちょっと、クラクラしただけです」

連日の残業で疲れが出たのだろうか？

「医務室行く？　それか、今日はこのまま早退したほうがいいんじゃないの？」

京子は2つの選択肢を提示した。このまま業務を続行させるのは、さすがにはばかられる。

「大丈夫です。昔から貧血をよく起こすので…。しばらくこうしていれば治りますから」

麻衣香は京子の手を優しく退けて、少し体を起こした。

「だいぶ戻ってきました。席に戻りますね。ごめんなさい、もう大丈夫ですよ！」

そう言って、麻衣香はそれでもややふらつきながら席に戻っていった。本人がそう言うからには、信じるしかない。ひとまず様子を見よう。


あっという間に電話受付の終了時間になった。今日はひっきりなしに電話が鳴っていた。その多くが注文の電話。1件あたりの対応時間は昨日よりも確実に短くなっていて、なおかつ注文の電話がひっきりなしに鳴っている。すなわち、呼損が確実に減り売り上げ増に貢献しているってことだ。ほら、やっぱり数字で目標を定めて、測定して管理するって大切じゃない。京子はデスクで自信満々の笑みを浮かべた。

体調が気になる麻衣香だが、本人の言うとおりその後はすっかり回復したようだ。少なくとも京子にはそう見えた。昼ごはんもきちんと食べていたようだし、心配はないだろう。

恒例の夕会。今日は金曜日。来週の業務計画も共有しなくてはならない。来週月曜日から水曜日の3日間、京子はまた研修で不在だ。新任主任研修を受けなければならない。その3日間、朝会と夕会の司会進行は拓郎に任せることにした。「ぼ、僕が司会ですか!? ひ、人前で話すなんて無茶な…」と抵抗していたが、よろしく頼んだよ。

そして残業タイム。今日からしばらく、全員総出でフォトブックの送付作業に力を注ぐ。通信販売部の一大イベントだ。京子にとっても始めての作業。清美によると作業内容は大きく6つ。

①国内マーケティング部から得意先リストを入手する。
②得意先リストから、宛名ラベルを作成して印刷する。
③宛名ラベルを専用封筒に貼る。
④メッセージカードに、お礼のメッセージを手書きする。
⑤フォトブックとメッセージカードを専用封筒に封入する。
⑥専用封筒を配送センターに持ち込む。

①は午前中に対応済。②も拓郎が夕方にささっとやってくれた。⑥はただ運ぶだけなので、③〜⑤がこれから始まる主な作業となる。都築とルミオペの2名を除く、全メンバーが会議室に集まる。まずは開梱だ。部屋の奥で山積みになっているダンボール群の中から、フォトブックが入った箱を3箱、専用封筒とメッセージカードが入った箱を1箱開梱した。麻衣香、清美、千早の3人は早速メッセージを書く作業に取り掛かる。宛名ラベルを貼る作業は拓郎

にお願いした。拓郎の文字は達筆すぎてとてもお客様宛てのメッセージを書かせるわけにはいかない(アニメキャラのイラストとか勝手に描かれても困るし)。京子は書き終えたメッセージカードとフォトブックを封筒に入れる作業に徹する。

「この作業をしていると、『ああ、夏が来たな』って思うのよね」

手を動かしながら清美が言った。なるほど、通信販売部の風物詩なのね。

そういえば、千早もこの部署に来てもう2年目なんだな。

「このフォトブック、結構人気で毎年楽しみにしているお客さんが少なくないわよね」

「今日注文をしてくださったお客様に『フォトブックはいつごろ届くのかしら?』って聞かれました。寝る前にのんびり眺めるのが好きなんですっておっしゃっていましたよ」

麻衣香も後に続く。

「へぇ〜」

清美と千早の相づちがかぶる。

京子は、お客様が枕元でニコニコしながらこの冊子をめくっている姿を想像した。一冊一冊、心を込めて丁寧にお送りしなくては。

「来年は、水のある風景じゃなくて、水着のアニメキャラ特集にしてくれないですかね」

拓郎のつぶやきには、誰も何も反応しない。反応しようがない…。

清美は7時を過ぎたところで退社した。「来週も、月曜と火曜はこのくらいの時間まで残業するのようにしますので」と言い残して。ラベル貼りを終えた拓郎も、ブツブツ言いながら帰っていった。千早と麻衣香と京子は、会議室の長机に並んで作業を続ける。

10時を過ぎたところで、いったんすべての作業を終えた。全部で500あるうちの250を終わらせることができた。あとは、来週メンバーに対応してもらおう。千早は最終バスの時間が近いとのことで、駆け足で階段を駆け降りていった。

「麻衣香ちゃんも、お疲れ様。疲れていたみたいだし、そろそろ帰ったら？」

お茶を飲みながら問いかける。

「いえ。今日のインシデント分析とＦＡＱの作成がまだですから。もうひと頑張りします」

麻衣香はてくてくと自席に戻り、ノートパソコンの蓋を開けた。

「ふうん、頑張るね。あ、私は週明けの研修の課題やんなきゃだ。すっかり忘れてた」

京子も席に戻ってパソコンをカチャカチャやり始める。

気がついたら今日が昨日に変わっていた。まずいまずい。

「麻衣香ちゃん、帰るよ！」

「あっ、えっ、もうこんな時間⁉　か、帰りましょう」

2人は手馴れた手つきでフロアの電気を消し、扉を施錠してビルを出た。

深夜12時過ぎの品川区郊外の住宅街の通り。人通りの少なさにさらに輪がかかる。

「どう、電話対応は少しは慣れた？」

元気づけるつもりで問いかける京子。

「そうですね。まあ、少しずつですけれど…」

予想に反し、麻衣香の反応は控え目だ。

「秋には新商品が発売になるんだってさ。そうなったら、注文電話の件数もどどっと増えるよ。いまのうちに、目標時間の5分以内に通話を終えられるようにしておいてね」

京子は期待を込めて言った。

真夜中の駅前はそこそこ人通りがある。無心にスマートフォンに見入る若者や、よろよろ歩いてくる酔っ払いをよけて改札口をくぐる。ここで2人は別々のホームに分かれる。京子は上りホーム。麻衣香は下りホームへ。…のはずだが上り列車はタッチの差で行ったばかり。ならばと思い、京子は麻衣香と一緒に下りホームの階段を昇る。

「下りが来るまで一緒にホームで待つよ。ひとりでボーっと待っているのも暇だし。美女ひとり、夜のホームに立たせておくわけにはいかないからね!」

京子はにこっとした。麻衣香もつられてふんわりと笑顔になる。そういえば、麻衣香の笑顔って久しく見ていなかったかも。

ホームに人影はほとんどなかった。京子と麻衣香はホームの端の方に向って歩き、ベンチに並んで腰を下ろした。屋根のないホームは、夜空を見渡すにはおあつらえ向きだ。近くの電灯の柱に、カナブンが羽音をブルブルさせながらぶつかっては離れ、そしてまたぶつかる。

「ところでさ、麻衣香ちゃんってどうしてウチに入社したんだっけ？」

ペットボトルのお茶にちょこっと口をつけて尋ねる。

「お祖母ちゃん」

そう言いながら、麻衣香は対面のホームをぼんやり見つめる。

「わたしの祖母が、ルミパルの通信販売を愛用していたんです。とても気に入っていて、いつも『ルミパルの電話の人が親切でね』ってにこにこ話してくれました。それで、わたしもそんな会社で働けたらなってずっと思っていたんです。でも、これって軽い動機ですよね」

そうだったんだ。ルミパルの電話の人が親切だった…か。軽いだなんてとんでもない。たまたま受かった会社になんとなく入った自分とは大違いだ。

「だからわたし、配属が通信販売部だって聞かされたとき、すっごく嬉しかったんです」

ほんとうに愛おしそうな目をして、麻衣香は語った。

「へぇ、そうなんだ」

なのに、こんな滅茶苦茶な部署でがっかりしたでしょう。いや、もしかしたらそれが麻衣香の原動力になっているのかな？　相反する思いが、京子の頭の中を行き来した。

「あの…京子さん…！」

何かを訴えかけようとした。小さな両手を握り締め、斜め下から京子の顔をキリッと見つめる。そのとき、チャイムが鳴った。

「まもなく一番線に、各駅停車、二子玉川行き最終電車が参ります…」

アナウンスが2人の会話を遮る。無機質な音声につられ、なんとなく線路の向こうを見つめる2人。視線の先から、煌々とヘッドライトを灯した列車がホームに滑り込む。

「なあに？　早くしないと終電出ちゃうよ」

プシュッと音を立ててドアが開く。金曜日の最終電車、赤ら顔や千鳥足のサラリーマンの姿がふらふらと改札口に続く下り階段に吸い込まれていく。

「いえ…なんでもないです。たいしたことじゃありません。研修、頑張ってくださいね」

麻衣香は「じゃ、おやすみなさい」と言って列車に飛び乗った。ドアが閉まる。小窓の向こうには、麻衣香が何か言いたげな表情を残したまま小さく手を振っているのが見えた。

彼女はいったい何を伝えたかったのだろう？　夜の闇の中に消え行く最終列車を見送りながら思った。そして、京子は上りホームに向かった。

＊＊＊

梅雨が明けた。もっとも、東京ではもう何日も雨が降っていないので「梅雨明け」と告げられたところでいまさらな感じがした。そんなよく晴れた土曜日。いつもの週末なら脊髄反射のように遠出したくなるところだが、こう暑いとそんな気も起きない。京子はこの日の休日出勤をのろわずに済んだ。3時過ぎにいったんオフィスに出社する。「美白クレンジングキット」「ナチュラル美肌パック」「きらきら春色ルージュ」を慌ただしく紙袋に詰めた。二葉和浩の妻、あゆみが1月に注文した商品だ。そして、誰もいないフロアをドタバタと出る。

駅前の停留所からバスに乗る。多摩川を越えて川崎駅まで国道をひた走る路線バス。土曜のお昼前。今日は家族連れや若いカップルの姿が目立つ。同じ路線で、こうも客層が違うものなんだ。ひなたちゃんも休日はこうしてパパとママに手をひかれてお出かけしているのかな？　京子はそんなことを想像しながら、座席の揺れに身を委ねていた。

「ごめんください」

約束の時間の5分前に、二葉家の玄関の前に立つ。今日は地図なしで迷わずに来れた。昔から方向感覚だけはしっかりしているんだから。すぐにドアが開いた。この前と同じようなポロシャツとチノパン姿の二葉が京子を迎えた。

「あ、きょうこおねえちゃんだ！」

京子の来訪に気づいたひなたが、階段をドタドタと走り降りて来た。ピンクのフリルのついた可愛いワンピースを着ている。

「ねえ、遊ぼうよ、遊ぼうよ。きょうこおねえちゃん」

ひなたは早速京子のスカートの裾を引っ張る。

「こらこら、ひなた。お姉さんを困らせるんじゃないよ」

すかさず二葉が諭す。

「だって、遊ぶって約束したもん。ね！」

どんなに小さなことでも、子どもは大人との約束を本当によく覚えている。ひなたも例外ではない。そして、その小さな期待を裏切ってはいけない。

「はいはい。ひなたちゃん。あとで遊んであげるから！　パパとちょっとお話があるから、それまで大人しくしていてね」

京子はしゃがんで、ひなたの鼻の頭をちょこんとつついた。

「…絶対だよ！」

ひなたは京子の後をついて来た。ホウキの柄のような棒を手にしている。京子を逃がさないための武器のつもりだろうか？　気迫を感じる。おお怖っ！

「では、お休みのところお時間をお取りするのも申し訳ないですから、手短に用件を…」

この間と同じ、畳敷きの客間で紙袋を開けて化粧品を3つ卓の上に並べる。プレゼントとして渡しやすいようにポーチと、ついでお詫びのタオルセットも渡した。

「わざわざありがとうございます。後日、確認します」

二葉は深々と頭を2度下げた。と、とんでもない。京子も恐縮してお辞儀する。

あれ、いま「確認する」って言ったよね。二葉氏はいったい誰に何を確認するのだろう？

少し引っかかる。そのとき、後ろからひなたが覆い被さってきた。

「ねえ、遊ぼ！」

ツインテールのその子は、首に手を絡める。

「わかった、わかった。遊ぼう！」

「やったー！」

ひなたは大きくジャンプした。

「すみません。少し遊んでやってもらってもいいですか？　本当に申し訳ないのですが…」

そのくらいお安い御用だ。京子はひなたに手を引かれて表に出る。

「川に案内してあげるね。いつも、ひなたが遊んでいる場所なんだよ」

路地を抜け、水色の歩道橋を渡る。真下のバイパス道路には、乗用車やトラックがちらほらりと走り抜ける。2人は道路に並行する土手の遊歩道をのんびり歩いた。左には草っ原が、その向こうには多摩川の流れが広がる。まもなく夕方4時半になろうとしているが、夏の太陽は一向に沈む気配がない。京子は川面を見ながら、ちょこまか走るひなたの背中を追った。グレーの四角い建物が見えてくる。水門のようだ。そこでひなたの歩みが止まった。

「ここ、ここ！　いつもひなたが遊んでいる場所だよ」

ひなたは土手から水門の裾につながるコンクリートの階段を、両足でジャンプしながら一段一段降りはじめた。シロツメクサがなだらかな斜面を覆っている。そこに白や黄色のチョウがひとひら、またひとひら、風に舞う花びらのように踊る。

「きょうこおねえちゃん、お花摘みしようよ！」

うんいいよ。京子はひなたと一緒に、川に背を向けて屈む。そしてシロツメクサとアカツメクサを摘み始めた。時折、隠れていたバッタがピョンと跳ねる。その度「あ、バッタさんだ」と顔を見合わせる。気がつくと、2人は白と薄紫の花を腕いっぱいに抱えていた。

「そうだ、これでお花の冠を作ってあげる！」

京子は階段にハンカチを広げ、ひなたと並んで座った。むかし川越のお祖母ちゃんと一緒によく作ったっけ。もう何年もやっていないないから、うまく作れるか自信がない…と思いきや、手先がしっかり覚えていてくれた。無造作に引っこ抜いた花と茎が、京子の手を介して大きな輪に形を変える。ひなたはその動作を、興味津々の表情で覗き込んだ。

「ほら、できたよ！」

手編みの草花の冠。緑と白とほのかなピンクがかわいらしい。京子はその輪っかを、ひなたの小さな頭にひょいとかぶせた。

「わーい！　お姫さまみたい！」

頭の上に載った冠を片手でおさえて、無邪気に跳ねる。

「きょうこおねえちゃん、ありがとう」

「それはどういたしまして、ひなた姫さま」

京子はひなたの両手をそっと握った。

徐々にお日様が傾き始める。もうまもなく5時だ。そろそろ、ひなたを家に帰さないとな。

「かわいい。はやくママにも見せたいな！」

ひなたは冠を頭からはずし、腕に絡めている。そういえば、ひなたの母親は何をしている人なのだろうか？

「そういえば、ママは今日もお仕事なの？」

「ママ？　ママはね、夜にならないと会えないの」

そうか、きっと自分や麻衣香のように毎晩夜遅くまで働いているんだな。今日は休日出勤なのかしら？　それともサービス業なのだろうか。あるいは病院に勤務する看護婦さんなのかな？　さまざまな想像が京子の頭の中を駆け巡る。

「毎日お仕事で忙しいんだね」

「ううん。ママはお仕事していないよ」

あれ…共働きじゃないの？　まさか、こんな小さな子を放り出して遊び歩いている…そんなことはないよね？　よからぬ妄想がよぎる。

「でもね、夜でも会えるときと会えないときがあるの」

？？？　訳がわからない。なんだか、謎解きを仕掛けられている気持ちになった。

「今日はお空が晴れているから、ママに会えると思うよ」

晴れているから会える？…ってどういうことだろう？　次の瞬間、ひなたは跳びあがって川の上流に体を向けた。

「ほら、あそこ」

小さな人差し指が示す先。その先には、夏の空が広がっている。

「ママはね、お星様なんだよ。暗くなると、ひなたに会いに来てくれるの。ほら、あのあたり」

京子はようやくその意味を理解した。そして言葉を失った。しばらく立ち尽くし、何も言わずに後ろからひなたの小さな頭をなでた。ずっとずっとなでた。カラスが一羽、高らかな声を上げて向こう岸に飛び立つ様子を見送りながら。

二葉の奥さん、あゆみはこの世を去っていた。それまでほぼ毎月化粧品のお買い上げがあったのに、1月を最後にぴたりと注文がなくなっていた。おそらく亡くなったのはその直後、

2月か3月だろう。なぜ二葉はあゆみが買っていた化粧品を探し求めているのだろうか？　誕生日プレゼントではなさそうだ。ではいったい何の目的で？　二葉は京子が化粧品を渡したときに「確認します」と言っていた。誰に何を確認するのだろう？　二葉に聞いてみればはっきりする。さりとて、お客様のプライベートに踏み込むわけにもいかない。

帰りのバスの車中、京子は考え続けた。流れる景色にあわせて、メビウスの帯のような幾何学模様が頭の中をグルグル回る。「ああ、わからない！」

家に着くころには、辺りは薄暗くなっていた。京子は都築の携帯電話を鳴らした。休日出勤の報告をするためだ。ついで帰り道じゅう脳みそを支配していた疑問もぶつけてみる。

「そりゃぁ、お盆のお供えをするため…じゃないの？」

都築は即答した。声がいつもより穏やかだ。休日モードに切り替わっているのだろう。

「なるほど！　でも、ふつう化粧品なんかお供えしますかね？」

「ううん。俺はオンナじゃないから、そこんところはよくわかんない」

そこは君の方が詳しいハズじゃないの？　…そんな意図を感じる一言だ。

「さらに、二葉さんは私が化粧品をお渡ししたとき、『確認します』って言っていたんです。誰に何を確認するんでしょうね？」

電話向こうから男の子たちの雄叫びが聞こえる。そういえば、都築も子を持つ父親だ。確か上が小学2年生で、下が幼稚園の年長さんだって言ってたっけ。

「そうね。ママ友にでも確認するんじゃないの？　奥さんが使っていた化粧品がそれで合っているかどうか」

京子は、あのもの静かな二葉が近所のママ友たちに話しかける姿を思い浮かべた。ううん、いまいち想像できないな。第一、ママ友同士でどの化粧品を使っているかなんて話すものなのかしら？　ママになったことのない京子にはわかりようがない。

「とりあえずは様子見でいいんじゃない。何かあったら、二葉さんから連絡があるでしょ」

それもそうだ。ここで憶測合戦を繰り広げたところで何も解決しない。

都築は「研修頑張ってね」と上司らしい言葉をかけた。そこで本日の業務は終了した。

＊＊＊

3日間の研修を終えて迎えた木曜日。久しぶりに見るルミパル通信販売部のフロアの様子は、いつもと何ら変わっていなかった。ただ1つを除いて。

麻衣香の姿がない…。

行動予定表を見る。「山中　麻衣香」の欄には、清美のものと思われる丁寧な筆跡で「休（体調不良）」とだけ書かれている。

「あれ、麻衣香ちゃんどうしちゃったの？」

とっさに向かいの拓郎に問う。

「見てのとおりお休みですよ。彼女、月曜日から会社に来ていません」

拓郎はいつものようにモニター画面から目を逸らさず、無感情に答える。月曜日から…っ
てどういうこと⁉　やっぱり体調が相当悪かったのかしら…。

「友ちゃん、ちょっといい？」

いつの間にか都築が出社していた。手招きに応じ、奥の会議室に向かう。周りに誰もいな
いことを確認し、扉をしっかり閉める。

「もう薄々感づいたかもしれないね。山中さんのことなんだけど…」

都築は京子が斜め向かいの席に座るのを確認して、口を開いた。

「しばらく休んでもらうことにした」

えっ…それ、どういうことですか？　何があったんですか？　都築は軽く頷き、続ける。

「月曜の朝イチに、本人から電話があってね。目眩がひどくて立ち上がれないので休ませて
くださいと。その日はそれで休んでもらった」

机に両肘を着いて、顔の前で手を組む都築。

「火曜日もまた朝イチで電話があった。ただ前日とは様子が違った。暗い声で『ごめんなさい。

頑張れないかもしれません』って」

頑張れないかもしれません？　…そんな、なんで？　京子は金曜日の夜に、駅のホームで

見た麻衣香の顔を思い出した。「配属が通信販売部だって聞かされたとき、すっごく嬉しかったんです」嬉しそうにそう言ってたよね？

「で、気になったんでその日の夜に山中さんの家の近くまで行ってね。本人に会って話を聞いてみた。どうやら、仕事へのやる気はあるらしいが、どうしたらいいのかわからなくなってしまったらしい。疲れが出たのかな。連日遅くまで残業していたからね」

それは事実だろうか？　本当は、もっと事態は深刻で、京子を傷つけまいと都築がオブラートに包んで伝えているのでは？

京子の頭の中は真っ白になった。ここ1カ月半、よかれと思ってやってきたことが麻衣香を追い込んでしまっていた。それだけではない、リーダーなのに麻衣香の異変に気づいてあげられていなかった…。京子は自分を責めた。

「ま、何週間か休めば大丈夫だよ。変なことにはならない。山中さんのことは僕がフォローするから、友ちゃんはいままでどおりやって頂戴。それと、山中さんの穴埋めだけれど、ルミオペにお願いして今日からもう1人出してもらうことにした。しばらくはルミオペを3人体制にして、電話対応を手伝ってもらうからよろしくね」

そういえば、いつも2人しか住人のいないルミオペの島には今日は3人いた。そういうことだったのね…。京子は肩を落としてとぼとぼと会議室を出た。

「ついに、第二の峰森さんが出てしまいましたか…。入社1年目なのになぁ」

座席に戻るやいなや、拓郎がつぶやく。何てことを言うのよ！　京子は鋭い目つきで拓郎をキリっと睨んだ。拓郎は慌てて席を立ちトイレに逃げた。

ルミオペの3名のうち、いままでいた最もベテラン1人が麻衣香の業務をしばらく肩代わりすることになった。問い合わせとクレームの電話対応と記録。インシデント管理の仕組みを導入したおかげで、さらには麻衣香がインシデントの内容と対応履歴を事細かに記録してくれていたため、麻衣香が持っていた案件の引継ぎはスムーズだった。ここでもインシデント管理の効果を知ることになる。なんとも皮肉な形ではあるけれども。

新たに加わった1名には、注文受けの電話対応をしてもらう。問い合わせやクレーム対応にくらべて難易度が低く入りやすいから、とのルミオペの責任者の判断だ。京子と同い年くらいの女の子。京子は午前中いっぱいかけて、新メンバーにフロアの説明や業務説明をした。

昼休みが明けて、やっと自分の席に戻る。京子は、改めてインシデント管理簿を眺めた。あれ…今週に入ってオペレーションミスが増えているぞ。やっと0件になったと思ったんだけれど。商品の発送間違い、キャンペーン特典の送付漏れ、以前と同じようなケアレスミスが再発している。一方の電話対応時間はというと、平均5分17秒。目標時間の5分には収まっていないがいいセンに近づいてきている。ミスが増えているのはなぜだろう？　麻衣香の休みで、残りのメンバーに負荷がかかってしまったためかな？　とりあえず、もうしばらく様子を見よう。京子はインシデント管理簿を閉じた。

＊＊＊

翌日金曜日。この日、また1つ新たな事件が発生する。

今朝もまた懲りずに、早起きのお天道様が陽射しと紫外線を浴びせている。天気予報では渇水を報じ始めた。こう日照り続きだと、健康が自慢の京子もさすがに参ってくる。あとひと頑張りで夏休みだ。自分にそう言い聞かせながら今日もルミパル別館の扉をくぐる。

事が発覚したのは――厳密に言えば京子がその事件に気づいたのは――午後のことだった。いつものようにお問い合わせの電話が鳴る。そこまでは普段どおり。問題なのはその内容だ。通りがかりに、清美の通話が耳に入る。

「はい、はい。それはそれは、大変申し訳ございません。美品をお送りいたしますので、改めてお名前とご住所を…」

れれ…美品をお送りするってどういうこと？　商品に汚れでもあったのかしら。

ほぼ同時に真横で行われている、千早の通話も聞き逃せなかった。

「はい。破損に関してましては、こちらの不備です。大変申し訳ございません。直ちに…」

一瞬自分の耳を疑った。「破損」ですって？　いったい、私がいない間に何が起こったの？

京子はすかさずインシデント管理簿を開く。

今日の午前中に登録された新規のインシデントを眺める。これかしら？

●フォトブックが汚れている
●フォトブックにシミがある
●フォトブックの端が折れている

いずれもフォトブックに関するもので、お客様からのクレームだ。京子はくらくらっとなりかけて、気を取り直した。リーダーがこんなことではいけない。

「ちょっとちょっと、いったい何が起こっているんですか?」

電話のベルが鳴り止んだ隙を見計らって、清美と千早に事情を聞く。

「ええと、それは…」

「あの、その…」

おどおどするベテラン2人。何か思い当たるフシがあることは間違いない。そこでまた電話が鳴った。とにかく目の前の電話対応が優先。千早は京子の話を遮って受話器を取る。

「拓郎くん、ちょっといい」

京子はフロア唯一の男子の横っ面に声をかける。

「へーい」

重そうに体を起こし、のそのそと会議室に向う。

「ねえ拓郎くん。フォトブックに何があったのか、知っている範囲で私に教えてくれる?」

京子は声をひそめる。

「ああ、あれですか。やっぱり、あれがヤバかったのかな…」

やっぱり、思い当たることがあるのね！　京子は身を乗り出す。拓郎はちょっぴり顔を赤らめて体をのけ反らせた。で、あれって何？

「フォトブックの封入作業ですよ。主任がいた金曜日は、みんなでここで作業しましたよね」

拓郎は太い人差し指を下に向けて、この会議室を指さす。

「うん、間違いないよ。そこにダンボールをだーっと並べて、全員で作業した」

「で、月曜日も同じようにこの会議室で作業したんですよ。あ、塙さんと広町さんと僕の3人で。山中さんは病んじゃっててていなかったですからね」

病んじゃってて…なんて言うな！　で、何があったのよ？

「火曜の朝、塙さんが『会議室でやるの面倒くさいから席でやらない？』って言い出しましてね。で、みんなで会議室に残っていたダンボール箱を島に持ってきちゃったんですよ。フォトブックの残りは50冊あるかないかくらいだったかな」

拓郎は会議室の壁の向こう、自分たちの執務席がある方を指差した。

「それで、なんでフォトブックの破損が起こるのよ？」

状況がよく飲み込めない京子。拓郎は自分を責められても困りますって目で続ける。

「その後、プリンターのメンテナンスの業者さんが来ました」

うんうん。それで、それで？

「コピー用紙とトナーを配達しに来たんです。いつもと違う人だったから、担当者の配置換えでもあったのかな？　『どこに置いたらいいですか？』って聞かれました」

あ、あのイケメンのお兄さんウチの担当じゃなくなっちゃったんだ…って、いまそんなことはどうでもいいの！　で、何て答えたの？

「塙さんだったかな、広町さんだったかな？　『その上に積んでおいて』って、フォトブックの入ったダンボール箱の上に置くよう指示したんです。たぶん、無意識だったと思いますが…」

ははあ、そういうことか。読めてきたぞ。

「で、その業者さんは指示どおりに紙とトナーの入った箱をそこに置きました。その瞬間、下の箱は…結構派手にイッちゃいましたね。グシャグシャってね。グシャグシャっと」

2度繰り返さなくていいから！　それにしても、まったく何てことをしてくれるのよ。

「ダンボールがパンパンに詰まっていればまだよかったんですけどね。50冊しかなかったので、スカスカだったんですよ。だからなおさら、グシャっとね…」

「で、まさかそのフォトブックをそのままお客様に送っちゃったんじゃないでしょうね…」

恐る恐る問うてみる。

「ご明察！」

拓郎は「さすが主任です」と言わんばかりの表情で京子を見る。ちっとも嬉しくない。

「まあ多少の汚れや折れはあったものの、気にならないレベルかなって…あれ、主任。どこへ行くんですか？」

拓郎の講釈が終わらないうちに、京子は会議室を出た。これから緊急会議を開くことにする。悠長に夕会の時間を待ってはいられない。参加者は清美と千早。少し遅れて拓郎もやってきた。電話の応対はとりあえずルミオペの３名に任せる。

「状況はわかりました。で、そもそもなんで封入作業を会議室じゃなくて、ここでやろうとしたんですか？」

京子は清美を、次に千早をキリっと睨む。

「それは、まあ…」

先に反応したのは清美だ。申し訳なさそうに体を前傾させている。

「まあ…ちょっとくらいならイイかなって。残り50冊だったし…」

まったく理由になっていない。京子は、お客様がワクワクした気持ちで届いた封筒を開封し、傷ついたフォトブックを見てその笑顔が落胆と怒りの表情に変わるシーンを想像した。こんなことって、絶対に許せない。

「でも、私たちも大変だったのよ。京子ちゃんは研修でいない、麻衣香ちゃんもお休み。その分、昼間の電話対応もハードだったたし。清美さんと拓ちゃんと３人だけで頑張ったんだから」

千早が2人をかばう。

「それはわかります。でも、毎年お得意さんが楽しみにしているフォトブックですよ」

「まあ、それはそうだけれど…気にならない程度の汚れや傷かなって思って…」

「それは、あなたたちが決めることではないでしょう。勝手に判断しないでください！」

京子の冷たい一言。その瞬間、カチッと音が鳴った気がした。千早の態度が変わる。

「だいたいあの業者が悪いのよ。人様のダンボールの上に物を置くなんて非常識よ」

高らかな声で千早が開き直る。責任があらぬところに転化されていく。京子は呆れて返す言葉を失った。

「あのね、京子ちゃん。そんなに大事なものなら、そもそも私たちが封入するのが間違っているんじゃないのかな？　私たちは封入や配送のプロじゃないし」

清美が穏やかに言う。

「そもそも、全部配送センターに委託すればこんなことにはならないのよ。予算をケチるからいけないのよ」

同調する千早。いやいや、そういう問題じゃないでしょう。

「汚れるってわかっているのに、こんなところに置くのがいけないんでしょう。まったく、私が目を離すとトラブルばかり…主任がいないとダメダメなチームじゃ、困るんです！」

「ちょっとダメダメって何よ。私たちだってね…」

もはや売り言葉に買い言葉だ。

「私たちだって何ですか？　フォトブックの件だけではありません。私がいなかった3日間、オペレーションミスが増え始めていますよね。気の緩みがあるのではないですか？」

感情を抑えようと、努めて丁寧な口調で説明する京子。それが一層冷ややかに聞こえる。

「それは…電話対応の目標時間を5分以内とか、ギチギチに管理しようとするからですよ。5分以内で終えようとすると、どうしても確認がおろそかになっちゃう。結果、オペレーションミスが生まれてしまうのよね」

清美は至って冷静で控え目だ。しかし、それは言い訳にしか聞こえない。

「まあ、私たちはどうせコマですからね。コマ。なんでも数字と時間で縛られて機械のように動けばいいんでしょ。だから今回のフォトブックだって、さっさと送ってしまいたかったのよ。送らなかったら送らなかったで、また作業効率がどうのとか、時間がどうのって『誰かさん』に文句言われるに決まっているんだから」

周りに聞こえるような声で言い放つ。「誰かさん」とは間違いなく京子のことだ。ルミオペの3人がこっちを向いた。清美が慌てて「ちょっと千早さん！」と千早の裾を引っ張る。

「いい加減にしてください‼」

京子は叫んだ。ずっと黙っていた拓郎がビクッと肩を震わせる。ルミオペの3人も驚いて凍りついた。気まずい沈黙が狭い空間を支配する。

「もう…私、やってられません!!!」

そのまま京子はバタンとフロアの扉を開けて、出て行ってしまった。カンカンカンと階段を駆け下りる音が冷たく響く。

「ん…。彼女、どしたの？　いったい？」

入れ違いで都築が戻ってきた。呑気にポカンと口を開けて後ろを指さす都築。しかし、誰も何も説明しようとしなかった。


何よもう。みんな人の気も知らないで。次から次に問題ばかり起こして、挙句の果てに人のせいにして開き直り。私、もう限界。こんなチーム、知らないんだから！

京子は血相を変えて無我夢中で走った。公園を抜けて、駅前の通りを抜けて、国道沿いに出る。今日もまた相当な炎天下だったが、気にならない。とにかく今は離れたかった。たまたま通りがかったバスに飛び乗った。気がついたら、多摩川のあの河原に佇んでいた。

京子の気持ちなど関係なしに、土手の景色は穏やかだ。河原のグラウンドには、グレーのユニフォームを着た高校生らしき運動部の男の子たちがランニングをしているのが見える。京子は斜面に座り込んで、その様子を見つめた。

あーあ、とうとう職場を飛び出して出てきちゃったよ。もはやチームも崩壊しちゃっているし、主任失格ね私。やはり自分には無理だったんだ…。

がっくりと肩を落とす。と、そのとき京子は背後に人の気配を感じた。不思議と嫌な感じはしない。むしろとても親しみのある気配だ。

「何か、悩みでもあるんか？　ずいぶんと浮かない顔しているぞ」

座ったまま後ろを振り返る。そこには懐かしい顔が、優しく京子を見下ろしていた。

第8章　京子、大切な仲間を取り戻したくて…

「お、大井さん…!?」

そこには、インドに行ったはずの男の姿があった。逆光ですぐにはわからなかったけれど。京子の顔がふわっと明るくなる。

「えっ、えっ、うそ!?　なんでここに?」

情報システム部の大井宏一郎。かつて、京子に「ＩＴＩＬ」を教えてくれた業務改善の師匠だ。大井の手ほどきのおかげで、京子は前の職場、購買部を日の当たらない部署から価値ある部署に変えることができた。その大井がなぜここに?　京子は目を丸くして、大井の足元をじっと見つめた。

「おいおい。何だよ。俺はこの通りちゃんと生きてるって!」

足をバタバタさせる大井。よかった、幽霊じゃないみたいだ。もっとも、こんな真昼間に姿を現す幽霊なんて聞いたことないし。

「ええと、あの、その…大井さん、な、なんでこんなところにいるんですか?」

驚きのあまりうまく言葉が出ない。

「ああ。来年の春にリリースするシステムの設計書の最終確認を日本でやることになって、昨日から一時帰国しているんだ」

大井は伸びた前髪をかき上げた。Tシャツにジーンズ姿。白かった顔はすっかり日焼けし、駐在員の風格を帯びていた。

「そりゃそうと、なんでこんなところに？」

それって不自然ですよね？

「あ、知らないの？　ウチの会社の社宅、このすぐ先にあるんだよ。で、一時帰国の連中も空き部屋に泊まっているってわけ。今日は代休で、そこのスーパーで買い物してきたところ」

そう言いながら、大井は土手の遊歩道の上流のほうを指さした。

「それより友原、お前こそなんでこんなところにいるの？」

大井が首を傾げる。ごもっともな質問。確かに自分こそ不自然だ。

「もう、聞いてくださいよ。大井センパーイ…」

京子はたちまち笑顔を崩し、半泣きのような声になった。そしてすべてを大井に打ち明けた。気がつけば運動部の高校生たちはランニングを終え、準備体操に取り掛かっている。

「なるほどな。それで、飛び出してきちゃったってわけか…」

悪いのはわかっている。でも、私もう限界で…大事な部下も失いかけて、チームも崩壊しかかっていて、これ以上どうしたらいいのかわからない…。

「私、自分なりに一生懸命やってきたつもりなのに…通信販売部を良くしようって、みんなのためを思って頑張ってきたのに…それなのに…ダメだったみたい…」

ひざを抱えて顔をうずめる。うつむく視線の先には草花が眩しく輝いている。やがてその風景はにじんでぼやけて見えてきた。ポタリ、ポタリと水の粒がしたたり地面の緑をはじく。やだな…私、職場では絶対涙を見せないって決めていたのに。

とめどなく溢れる涙。京子はもはやそれを抑えることができない。まもなくそれは嗚咽に変わった。7月の太陽は、土手に並んで座る2人の背中をただじっと照らし続けている。何も聞かずに。何も語らずに。

しばしの沈黙の後、大井はすくっと立ち上がり、川に向って一歩、また一歩進んだ。

「お前さ…ひとりで悩みすぎていないか？　主任なんだろ。リーダーなんだろ。チームなんだろ？　もっと、仲間を…メンバーを信じろよ。そして頼れよ」

京子に背中を向けたまま、大井は続ける。

「メンバーを信じるのも、リーダーの役割だと思うぞ」

メンバーを信じるのもリーダーの役割…か。心の奥底に落ちていくのを感じる。京子はぎゅっと目を閉じて胸を押さえた。でもどうしたらいいだろう。自分は部下の1人を追い込んでしまった。チームを捨てて飛び出してきてしまった。いまさら何ができるのか？

「私、どうしたらいいでしょう？」

しばらく黙り込む2人。川向こうの町工場とマンションがきらりと光った。

「誠心誠意、メンバーに謝る。悪いと思っているんだろ。だったらスパっと謝れよ」

謝る…。チームが戻るなら、私なんだってする。

「まず、友原が一番最初に謝りたいと思っている相手に謝りに行こうぜ」

誰よりも先に謝りたい相手、会いたい相手…1人しかいない。京子は立ち上がった。

＊＊＊

列車は横瀬《よこぜ》の駅を発車した。車窓風景はそれまでの山深さから一転。大きな空をバックに、セメント工場や小高い山々が見える。それを見て、小学生くらいの兄弟を連れた一家が歓声を上げた。京子はそんな夏休みのワンシーンを横目に、ひとり窓側の座席に腰掛けていた。

流れ行く景色を眺めながら、麻衣香にかける言葉を心の中で反復する。やがて、窓辺にはひときわ高い尖った山が姿を現す。山肌には岩が荒々しく露出している。武甲山《ぶこうざん》のようだ。

「お待たせいたしました。次は西武秩父、終点でございます…」

チャイムが鳴り、自動放送の女性の声が明るく響いた。

麻衣香は改札口の外で待っていた。京子に気づくと手を挙げて嬉しそうに左右に振った。

「京子さーん！　わざわざ秩父まで来てくれるなんて感激です。今日はとっておきの場所を京子さんにご案内しますからね。行きましょう！」

大きな麦わら帽子をかぶった麻衣香。ひょこっと振り返り駅前の駐車場へと歩き出した。思ったより元気そうな様子。京子は少しホッとした。

7月の土曜日の秩父。季節特有の霞がかった空は、青とも白ともつかない色をしていた。市街地で赤信号に引っかかるたび、夏の陽射しが軽自動車のフロントガラス越しに2人をジリジリと照りつける。真夏の盆地の暑さは半端ではない。それでも、車が町外れの山道にさしかかると幾分楽になった。

定峰峠《さだみね》。細い山道の小さな空き地に麻衣香は車を停めた。

「ここ、ジェラートがとても美味しいんですよ！」

麻衣香が指さす先には、白い壁に黒い瓦屋根の古民家の佇まいがあった。

峠道の古民家カフェ。テーブル席とテラス席は、揃いのウェアをまとった自転車チームの一団で埋まっていた。この峠はロードバイクをたしなむ人たちの名所であるらしい。2人はたまたま空いていた座敷席に上がり、きのこのピザとジェラートを注文した。

お店のすぐ裏手は緑濃い小川。耳を澄ますと、静かなせせらぎの音が聞こえる。時折、山の風が窓越しに涼しくそよぐ。

「美味しい！　こんな山奥で、こんな美味しいジェラートに出会えるなんて！　私、ここ通っちゃおうかな」

無邪気に喜ぶ京子。それを見て、麻衣香も優しく微笑む。

しかし、2人の間に流れる空気はどことなくぎこちない。そのぎこちなさを誤魔化すかのように、麻衣香はいつになくよくしゃべった。

秩父の観光名所の話。実家が経営するうどん屋の話。高校時代に所属していた吹奏楽部のエピソード。そのとき、麻衣香が想いを寄せていた先輩の話…話すスピードはいつもの麻衣香ののんびりペースだったが、どこか力が入っている。おかげで京子がいままで知らなかった麻衣香を知ることができたけれども。

「あ、随分とおしゃべりしちゃいましたね。そろそろ行きましょうか」

掛け時計を見上げ、2人は席を立った。

カフェの隣は北欧雑貨の店。ピンクの大きなダーラナホースが通りに鎮座している。なぜ秩父の山奥に北欧？　不思議に思いながら、2人はなんとなく店の扉を開けた。ほんのり明るい店内をぶらり一回り。京子は水玉模様のかわいらしい封筒と便箋のセットを買った。

「そうだ、私が子どものころから大好きな絶景スポットがあるんです。行ってみませんか？」

もちろん行ってみたい！　再び車の助手席に座った。

峠道をくだり国道を抜ける。日焼け顔をした、部活帰りとおぼしきジャージ姿の中学生たちとすれ違う。麻衣香もかつては同じようにこの通りを歩いていたのだろうか？

「美《み》の山《やま》入口」の表示のある信号で右に曲がる。再び山道だ。開けた窓からふわっと香る樹々の匂いが心地いい。2人を乗せた赤い軽自動車は、苦しそうな音を上げて坂道をくねくねとのぼっていった。こういうとき、京子はなぜだか腹筋に力が入る。エンジンの唸り声にあわせて、京子はうんうんと力む。麻衣香は真剣な表情でハンドルを左に右にさばく。カーステレオは「ゆず」の曲をのどかに奏で続けていた。


「うわー。すごい絶景!」

京子は思わず息を呑んだ。

美の山公園。山頂の展望台から見渡す景色はとても雄大だった。夏霞に浮かぶ武甲山。町の真ん中をくねる荒川の流れ。工場の煙突からくゆる白い煙。摩擦音を響かせながらコトコトと走る貨物列車…ここから秩父盆地の営みが一望できる。何より向こうに連なる山脈の姿。自然好きな京子の心をつかんで離さなかった。

「ここは夜景が有名なスポットなんですけれど、昼間の眺めもなかなかオススメなんですよ」

その眺めが、いま2人の目の前に静かに広がっている。

「ほら、あそこに見える山。あれ両神山《りょうかみさん》です。あっちは荒船山《あらふねやま》、向こうは日光連山《にっこうれんざん》です…」

麻衣香の解説が続く。京子は彼女の華奢な指が示す先に顔を向けて感嘆の声を上げる。同じ埼玉出身ながら、秩父は小学校の遠足以来だ。見る景色、薫る風、すべてが新鮮だった。

「冬は空気が澄んでいて、もっとくっきり見えるんですけれど。夏でも今日みたいによく晴れた日には十分見渡せますね」

いやいや、素晴らしい景色だよ。ありがとうね。京子は麻衣香の横顔に目を移した。

やがて、麻衣香は正面の山を見つめながらぽつりぽつりと話し始めた。

「高校生のときから…かな。悲しいことがあると、わたし、いつもここに来ていました…」

悲しいことがあると来る場所。それがここなのね。そして、麻衣香は京子と今ここにいる。京子はとても切なく申し訳なく思った。トンビが一羽、キュルルーと鳴き声をあげて頭上を大きく舞った。山々を眺めながら黙りこむ2人。その沈黙を麻衣香が破った。

「わたしね、ルミパルって憧れの会社だったんです。わたしの実家、うどん屋じゃないですか。父も母も毎晩遅くまでお店で仕事をしていて、年が離れた姉は塾や部活でほとんど家にいなかった。だから、わたしは子どものころから寝るときもひとり。土日もひとりで遊ぶことが多かったんです」

カップルらしき男女が上がってきたが、2人の空気に遠慮したのか、すぐ降りてしまった。

「そんなわたしの面倒を見てくれたの、お祖母ちゃんだったんです。残念ながら2年前に亡くなってしまったけれど…」

再び沈黙。そして再び麻衣香が口を開く。

「お祖母ちゃん、寝るときいつもわたしのおでこをなでながらお話を聞かせてくれました。

その手がとてもつやつやしていて、微かないい匂いがしていたの。で、あるとき聞いてみたんです。『お祖母ちゃんの手はなんでそんなにつやつやで、いい匂いがするの？』って」

黄色いチョウがひらひらと、正面の山を見つめたままの2人の間を通り過ぎた。

「お祖母ちゃん、教えてくれました。ルミパルってところのハンドクリームを使っているんだよって。手に優しくていいのって、本当に嬉しそうに。わたしにとって、ルミパルってお祖母ちゃんのつやつやな手と匂いに包まれながらまどろむ、幸せな時間をくれた会社なんです」

麻衣香の柔らかくも切なげな表情が、京子の胸を打った。

「お祖母ちゃん、言っていました。ルミパルの電話の女性がいつも優しく話を聞いてくれるって。何年か前、実家の経営が大変だったときがあって…そんなときも、お祖母ちゃんはルミパルの通信販売の女の人の励ましで、頑張らなくちゃって思っていたそうです」

なんと。そんなことがあったのか…。もしかしたら、私、お客様にとってかけがえのないものを奪おうとしていたのではないか。

「だから、わたしルミパルに入りたくって、入りたくって、憧れて入社しました。大好きなお祖母ちゃんが愛していたハンドクリームを作っている会社。大好きなお祖母ちゃんを元気づけてくれていた人たち。だから…もちろん大変なことも嫌なこともたくさんあるけれど、本当は、本当は…わたし、もっと頑張りたい。でも、なんだか…どんどんお祖母ちゃんの好きだったルミパルがなくなっていっちゃう気がして…。それに、自分が足手まといになっているような気がして…。頑張りたい…でも、どうしたらいいのかわからない…」

風が吹いた。足元の緑が一斉にざわめく。2人はしばしそのざわめきに佇む。夏の樹々は一見とても明るそうでいて、時になぜこんなにも寂しい表情を見せるのだろう?

「ねえ、麻衣香ちゃん…いまから、私ひとりごと言うね。あ、ひとりごとだから聞かなくてもいいからね」

今度は京子が沈黙を破る番だった。正面の秩父盆地と山々に目線を置いたまま、一呼吸おいて話し始めた。まるで壇上に立った学級委員のように。

「やれやれ。私…ホンっとに駄目な主任だよね。自分でも『とほほ』って思うことが多くて、ホン…っとに嫌になっちゃう」

京子はホンっとを何度も強調した。麻衣

香は京子の横顔を何も言わずに見つめている。

「でね…最近になってやっと気づいたの。チームのみんなをもっと信頼しなきゃ、チームのみんなの話をちゃんと聞かなきゃって。ううん、それ以前に私、麻衣香ちゃんのこともチームのみんなのことも今まで知らなかったし、知ろうともしなかった。本当にごめんなさい！」

麻衣香は顔を正面に向けたまま、チラッと京子を見た。視線を感じながら京子は続けた。

「私、昔からこうなんだよなぁ。夢中になると、周りが見えなくなっちゃう。そして、空回りしちゃう…ほんとにダメダメだね！　ごめんなさいっ！」

京子は麻衣香と向き合った。そして深々と頭を下げる。

「でもね、そんな駄目な主任だけど、まだまだだけど…でも、これだけは言っておきたいんだ」

風が止んだ。鳥がさえずりを始めた。

「麻衣香ちゃん…私、あなたの力が必要。ごめんね、勝手なことばかり言って。いま、とても困った状況になっちゃっててね…チームのみんなの力が、麻衣香ちゃんの力がなければどうにもならないんだ。私もね、麻衣香ちゃんとお祖母さんが好きだったルミパルを、もっとみんなに大好きになってもらえるルミパルにしたい。だからお願い…力、貸してください！」

京子は再び頭を下げた。そのとき、眼下を走る蒸気機関車の汽笛が秩父の町と山々に轟いた。２人は汽車が山の懐に重々しく消えていく様子を見送った。

「以上、友原のひとりごと終わりっ！」

京子は麻衣香に敬礼をした。そして大きくお辞儀をした。武甲山は変わらず荒々しい山肌を見せながら、2人を静かに見下ろしていた。

「焦らなくてもいいよ。でも、私待ってる。みんな待ってる！」

別れ際、改札口まで見送ってくれた麻衣香に京子はそう伝えた。麻衣香はいつものように柔らかく静かに微笑んだ。そして京子は再び特急列車の車中の人となった。

秩父の町に夜の帳が下りる。窓辺に映る民家の明かりは、列車が速度を上げるにつれてだんだんとまばらになる。

「私、いままで何ひとりで突っ走っていたんだろう…」

京子はひとりつぶやいた。まもなく列車は奥武蔵《おくむさし》のトンネルの闇に吸い込まれていった。

第9章　京子、メンバーを信じて立ち上がる──「ナレッジ管理」

休み明け。オフィスの空気はやはりぎこちない。あれだけ派手な口論を繰り広げた上、京子はオフィスを飛び出してしまったのだ。いつもどおりの顔で平然と仕事できるわけがない。メンバー全員にきちんと頭を下げなければと思いつつ、皆ぱらぱらと出社してはおのおのパソコンを立ち上げてすぐ自分の世界に入ってしまう。京子は謝るタイミングをつかめずにいた。千早が出社する。さすがに言い過ぎたと思っているようで、反省している雰囲気ではあったが何だかよそよそしい。そうこうしているうちに、朝会の時間になった。

再配布用のフォトブック50部は、金曜日の午後に都築が印刷会社に連絡して手配してくれたらしい。

「8月アタマには届くそうだ。お客様には個別にお詫びして、新しいものをお送りしよう」

日曜日の夜、携帯電話に連絡してきた京子に都築はそう告げた。フロアを飛び出したことについては、何のお咎めもなかった。「尖る時期も必要だよな。いま尖っておかないと、年とってから爆発するオトナになっちゃうからな」と最後にひとこと。京子は課長の寛大さに感謝した。

朝会が始まる。京子は冒頭に「金曜日はご迷惑をおかけしました」と言い、淡々とインシデントの対応状況を確認した。その後、清美と千早だけを残して、フォトブックの再送付の段取りを打ち合わせする。幸い、汚れや破損のある可能性があるのは最後に送った50名分のみ。うち、11名からはすでにクレームの電話をいただいていて、代替品を送付する旨を伝えてある。京子は残りの39名のリストを印刷して手元に持ってきた。清美と千早と京子の３人で手分けして電話をかけ、お詫びと新しいフォトブックの再送付をお伝えしよう。３人は席に戻り、電話機のボタンを黙々とプッシュし始めた。

＊＊＊

２日経った。その間、職場の空気は良くも悪くもならなかった。ホワイトボードの麻衣香の行動予定欄には、変わらず「休（体調不良）」の文字。この文字を消す日はいつ来るのだろうか？　ひょっとして、もうこのまま麻衣香は秩父に戻ってしまうのではないだろうか？　そんな嫌な想像が頭をもたげる。そんな週半ばの水曜日。

午後、状況が変化する。１本の電話が鳴った。京子が昼の休憩から戻ってすぐのこと。

「友原主任。二葉さんからお電話です」

千早が取り次ぐ。いままで自分のことを友原主任なんて呼んだことはない。千早との関係回復には時間がかかりそうだ。

「ありがとうございます。転送してください」

まもなく京子の手元の電話がけたたましく音を立てる。二葉からの電話。いったい何があったのだろう？　京子は冷静沈着な二葉の顔を思い浮かべた。

「お電話かわりました、友原です」

「あ、友原さん。二葉です。先日はありがとうございました」

この間、会ったときと変わらない落ち着いたボイス。あたりはざわざわしていて、電話の呼び出し音や人の話し声が混じる。二葉は勤務先から電話をかけているようだ。

「こちらこそ、お休みの日に失礼いたしました。どうされましたか？」

京子は多少芝居がかった声で、明るく振舞う。じとっとした気分を振り払う意味も込めて。

「それなんですが、せっかく届けていただいた化粧品…どれも違っていたようです」

えっ？　違っていたってどういうことかしら。受注管理システムの注文履歴を何度も確認してお持ちしたはずなのだが…。

「そうですか…私どもの受注管理システムから、1月に奥様にご注文いただいた商品を調べてお届けしたつもりだったのですが。もしかしたら、それ以前にご注文された商品をお持ちするべきだったのかもしれませんね」

そういいながら、京子は右手でカタカタと受注管理システムを立ち上げる。

「実は…その、これには少々込み入った事情がありまして…」

少々の間をおいて、二葉は心の内を語り始めた。込み入った事情？

「よろしければ、一度そちらにお伺いしてお話を聞いていただくことは可能ですか？　ご迷惑でなければ、明日の夕方にでも。何度もお時間をお取りして本当に恐縮なのですが…」

急に早口になる二葉。京子は電話口の相手が相当焦っている様子を感じた。

「いえいえ。それはお手間ですから、こちらから二葉様のお宅にお伺いいたします」

「ありがとうございます。本当に勝手を言ってすみません」

京子は明日の夜8時、再び二葉邸を訪問することになった。

よっぽど複雑な事情があるのだろうか？　だいぶ焦っていたようだし、気になるな。京子は電話を切ってからも、しばらくそのままの姿勢で考えていた。

3時を過ぎ、小腹が減ってきた。お菓子でも買いに行こうと席を立ったそのとき、フロアに戻ってきた都築と目が合った。京子に顔を向けたまま会議室の方をチョイチョイと指さす。京子はそのサインの意味を理解し、会議室に小走りする。お菓子はしばしおあずけだ。

「1ついいニュースだ、友ちゃん」

都築は抱えていた資料の束を手近の机にどさっと置いて、いつもの位置にどかっと座った。

「山中さんから電話があってね。明後日から出社するとのことだ」

「えっ、本当ですか⁉」

本当に、本当？　ウソだったら本気でパンチしますからね。都築は穏やかに微笑む。

「もうだいぶ体調も良くなったようだ。声も、この前話したときよりも随分と明るかったし、イキイキとしていた。『京子さんのもとで、また頑張りたいです！』って言っていたよ」

久々の朗報に、京子は「は～」と心の底から喜びのため息をついた。よかった、本当によかった。

「まあ、しばらくは無理させすぎないように、よく見ててやってよ」

都築はそう言って立ち上がった。京子はしばらくそのまま喜びをかみ締めていた。

麻衣香が帰ってくるんだ。嬉しい、本当に嬉しい。京子は夕会で真っ先に麻衣香の職場復帰を周知する。直後、安堵の声が沸き起こった。清美も、千早も、ルミオペの仲間たちも、皆、笑顔になる(あ、拓郎だけは相変わらずポーカーフェイスなまま)。麻衣香はかけがえのない存在だったんだ。それを改めて知る。少しチームの雰囲気が和らいだかな。

最後に翌日の予定を全員で確認する。京子は、明日の夜、再び二葉邸を訪れる旨を伝えた。

あ、そうだ。二葉の妻、あゆみに関する情報を集めておきたい。購入情報以外で何か知っていることがないか、京子はメンバーに聞いてみた。誰からも何の反応もない。

「そうね…もしかしたら道子さんがそのお客様に対応していたかもしれないわね。道子さん、電話対応の内容をマメにノートにメモしていたわよ。最終出社日に、そこの書棚にまとめて置いていったから見てみたらいいんじゃないかしら？」

清美が助言する。そうか、そういえば道子は自分なりに問い合わせ記録をノートにまとめていたんだ。何か手がかりが得られるかもしれない。

「ありがとうございます。助かります!」

そう言って、京子はさっそく書棚をあさった。


赤い表紙のノートが20冊、棚の奥から出てきた。表紙には、手書きの字で「お客様対応メモ正源司道子」と書かれている。棚の前にしゃがんでノートを開く。道子が受けた問い合わせやクレームが丁寧に記録されていた。こうして自分自身でインシデントを記録していたのね。見慣れたお客様の名前がところどころに出てくる。「息子さんが中学進学」「旦那さんが単身赴任」「二世帯同居に不安」など、お客様の身の上話と思われるキーワードや文章も綴られていた。きっと道子はこうして、お客様の悩みや愚痴や相談を一件一件受け止めて、時に助言なんかもして、お客様の心をつかんでいたのかもしれないな。京子はしみじみ思った。

1冊目のノートの2ページ目を開いたところで、京子の目の動きが止まる。「山中 せつ」という名前があった。住所は埼玉県秩父市…あれ、これって麻衣香のお祖母さんだよね? 麻衣香ちゃん、あなたのお祖母さんと道子さんとの会話をちょっと見させてもらうよ。京子はその場で軽くお辞儀をして、ページをめくる。

さまざまなことが書かれていた。「左足を捻挫した」など些細なことから、「店を畳むかもしれない」「知人が病気で亡くなった」などの切ない出来事まで。さらに読み進めると、「孫娘、夏休みで帰ってきている。嬉しい」「孫娘へのクリスマスプレゼント、何がいいか?」など麻衣香とのエピソードも垣間見える。道子さんはこんなことまで相談に乗っていたんだ。待てよ。もしかしたら道子は麻衣香が入社してきたとき、せつの孫だって知っていたのかもしれない。だからこそ、麻衣香に特別な気持ちを持って、熱心に教育したのではないか?

京子はなんともいえない気持ちになった。このノートに書かれているのは、道子が関わったお客様の人生そのものだ。道子はこうしてお客様の人生と向き合い、寄り添ってきたのだ。結果、お客様がルミパルを選んでくれていたのだろう。道子にとって、通信販売部の仕事とはそういうものだったのだ。京子は、効率一辺倒で管理をしようとしてきた自分を恥じた。

そうだ、肝心の二葉あゆみに関する情報を探さなくては。京子は閉じたノートをもう一度開いた。ええと、二葉あゆみ、二葉あゆみ…あ、あった! どれどれ。「二葉 あゆみ 東京都大田区矢口南…」

間違いない、二葉和浩の奥さんだ。日付は今年の1月8日となっている。

次の瞬間、京子は飛び込んできた文字を見て言葉を失った。

「えっ、うそ…うそでしょ…こんなことって…」

そこには、こう綴られていた。

『一人娘、ひなたちゃん。心臓に重い病気。手術必要。助かるかわからない。』

目の前が真っ暗になった。ツインテールの髪を揺らしてちょこまか走り回るひなた。京子の足にべったりまとわりついて離れようとしないひなた。土手で白とピンクのお花の冠をかぶって飛び跳ねるひなた…。あの、ひなたちゃんが…そんなの、ダメだよ。嫌だよ。

道子はこの言葉をどんな気持ちで記したのだろうか？ そして、どんな言葉を返したのだろうか？ あゆみの切なる訴えをどんな思いで聞いていたのだろうか？ その心の内を思うと胸が詰まった。京子はへなへなとその場に座り込んだ。

＊＊＊

次の日、木曜日の夜。京子は7時過ぎにオフィスを出た。

停留所に向かう道すがら、バスを待つ間、京子はずっとひなたのことを考えていた。あの元気なひなたちゃんが、重い病で苦しんでいたなんて。ひなたちゃんとはじめて出会った日、突然胸を押さえて咳き込んでいたのはそういうことだったのか…。

そして、二葉氏が妻あゆみさんの形見の化粧品を探しているのと、ひなたちゃんの心臓の病気とは何か関係があるのだろうか? 京子は、この前持参したのとは違う化粧品を3つ、手提げ袋に入れていた。いずれも、二葉あゆみが1月以前に購入したことのあるものだ。このどれかにアタリが入っていればいいのだが…。祈るようにして、京子はバスに乗り込んだ。

夜8時。二葉家の客間。水色の模様が涼しげなガラスの風鈴が、チリンチリンと音を立てる。その清涼感とは裏腹の神妙な面持ちで、二葉と京子は対面していた。

「事情はだいたい理解しました。あの…その…ひなたちゃんの病気のことを…」

ところどころ言葉をつまらせる。そのひなたは2階の寝室で、寝かしつけの祖母と一緒に布団に入ったとのことだ。

「そうですか。娘は…ひなたは、ご存知のとおり心臓に重い病気をかかえています。手術をしないと助からない。そう医者に告げられました」

二葉は湯飲みの麦茶に口をつけた。淡々と続ける。

「もともと、4月に手術を受ける予定でした。妻が、去年の末からずっと、嫌がるひなたを説得してようやく手術を受けることが決まったのです。ところがその直後…」

京子は黙って二葉の口元を見つめる。

「交通事故で、妻は突然、ひなたと私を残して行ってしまいました。2月5日のことでした」

2月5日。確かその日は東京に大雪が降った日だ。職場のみんなで、会社の門と駐車場の雪かきをしたのを覚えている。

「葬儀が終わり、手術の日が近づいてきました。ところが、ひなたの決心は揺らいでしまいました。手術を受けたくない、『ママが一緒じゃないと嫌だ…』って」

京子は、駄々をこねるひなたの姿と、困り果てる二葉の様子を思い浮かべた。

「ママは晴れた夜空にしか現れない。一緒に病院のベッドにいることはできないんだよ。でも空から見ていてくれる…。何度も説明しました」

だが、そんな必死の説得を、ひなたは聞き入れようとしない。ママが一緒じゃなければダメなんだ。ママが一緒じゃなければ…。

「手術はいったん見送りました。私は考えました。妻がいることを感じさせるような、何か…思い出の品と一緒だったら、ひなたも安心して手術を受けてくれるんじゃないかって」

「その手がかりを、奥様がお使いになっていた化粧品に求めた。そういうことですね?」

京子がようやく言葉を発する。二葉は小さく頷いた。

「手術の予定日は8月29日です。こうしている間にも、ひなたの体はどんどん悪くなる。なんとかして、次は手術を受けさせたいんです」

まもなく7月が終わろうとしている。あと1カ月しかない。京子は二葉が焦っている理由をようやく理解した。いつも冷静な二葉は、懇願するような眼差しで京子を見た。

「今日は、奥様が1月より前にお買いになっていた化粧品をお持ちしました。その中のどれかが、ひなたちゃんとの思い出の品であればいいのですが…」

京子は座卓の上に3つの瓶を並べた。そのとき、後ろの襖がカタカタと開いた。

「あ、きょうこおねえちゃん。来てたんだ！」

こぶたのぬいぐるみを腕に抱えたひなた。薄いピンク色の半袖のパジャマを着て立っている。京子の気配に気づいて起きてしまったようだ。

「こらこら、ひなた。もう寝なきゃダメだよ。ばあばと一緒に、お部屋に戻りなさい」

厳しい口調で、二葉が天井の上を指さす。ひなたの後ろには祖母が困った顔で立っている。

「やだやだ！　ひなた、きょうこおねえちゃんと遊ぶの！」

そういって、ひなたは正座する京子のひざの上に乗っかってきた。あらあら。

「しょうがないな…あ、だったらちょうどいい。ひなた、この3つの中にママがいるか教えてくれるかい？」

少しばかり表情を緩めて、二葉はひなたを促した。

グッドアイディアだ。ひなた本人に確認してもらったほうが手っ取り早く答えが出る。おそらくこの前持ってきた化粧品も、二葉はこうやってひなたに確認していたのだろう。京子は、ちょっとごめんねと言ってひなたをひざから下ろし、瓶のフタを1つずつ開けた。

3つの瓶を手に取り、匂いをかぐひなた。

「ううん。これじゃない。ここにママはいないよ…」

ダメか…京子は肩を落とした。二葉と母親もがくっとうなだれる。いよいよ迷宮入りだ。

「ねえ、ひなたちゃん。聞いて」

再びひなたをひざに乗せて、京子が話しかける。5歳児の柔らかいほっぺたが肩に触れる。

「おねえちゃんね、ひなたちゃんに元気になってもらって、ひなたちゃんともっともっと一緒に遊びたいな。またお花摘みしたいな。だから、頑張って手術受けよう。お願い」

「やだ、絶対嫌だ！　嫌なんだってば！」

ひざから飛び出し、地団太を踏む。

「ひなちゃん、いい加減にしなさい。聞き分けのないこと言うんじゃありません！」

わがままを言う孫娘に、祖母が声を荒げる。

ケホッ、ケホッ、ケホッ。そこで、ひなたは胸を押さえながら激しく咳き込んだ。祖母と京子が慌てて背中をさする。

「だって、ひなた…ママと一緒じゃないと、嫌なんだもん。…怖いんだもん」

嗚咽を堪えながら、ひなたは潤んだ瞳で京子を見つめた。そうだよね、怖いよね…。怖くて当たり前だよね。病気の苦しみや恐怖と戦いながら、ママがいない寂しさに耐えながら、あなたは一生懸命生きているんだね。京子の胸の中に小さな小さな体をうずめるひなた。とても、とても健気で、そして愛おしくてたまらない。

突然、京子は体を離した。ひなたの両手をぎゅっと握りしめたまま、じっと見つめる。

「ねえ、ママが使っていたお化粧品、どんなのだったの。おねえちゃんに教えて」

顔を近づけ、耳元でそっとささやく。

「キラキラ！」

「キラキラ？」

京子はひなたの言葉をそのまま、語尾を上げて繰り返す。

「そう。キラキラ。ママね、キラキラってするお化粧品を使っていたの。とっても、とってもいいにおいがするんだよ…」

はて。30代後半から40代の女性が好みそうな化粧品で、ラメ入りのものなんてあったかしら？　京子の頭に具体的な商品がイメージできなかった。

「わかった。だったらおねえちゃんね、ひなたちゃんのためにキラキラ、見つけてくる！　絶対見つけてくるから！　そうしたら、手術頑張ろっ」

「本当に、本当に見つけてくれるの？」

「うん。約束する！　指きり…」

こうして二人は小指を絡めた。自信はなかった。でもやるしかない。何としてでも、「キラキラ」を、ひなたちゃんの母親のぬくもりを見つけてみせる。そのためには…チームの力が、仲間の力が必要だ。

たった1つの手がかりを胸にしまい、二葉家を後にする。生暖かい夜の河原の一本道、京子は早足でバス停に向った。

＊＊＊

金曜日の朝。空には灰色の雲がうっすらかかっている。京子はひなたからもらった宿題への緊張半分、麻衣香がカムバックする嬉しさ半分で通信販売部の鉄の扉を開ける。

誰もいない早朝のデスク。手早くパソコンを目覚めさせ、インシデント管理簿のエクセルを立ち上げた。270番のインシデントを探す。あった。

『インシデント番号：270　分類：問い合わせ　お客様氏名：二葉 和浩（40歳）　件名：1月に購入した化粧品について。』

京子は対応履歴の欄に1行書き加えた。

『母親（二葉あゆみ氏）の形見の化粧品を至急探したい。キーワードは「キラキラ」。』

ううん、手がかりは「キラキラ」だけか…。腕組みしてモニターをにらむ。そのとき、扉が鈍い音を立てて開いた。

「お…おはようございます！」

高い声がフロアにふんわりしっとり響く。その声の主が誰だか、確認するまでもない。

「おはよう、麻衣香ちゃん。今日からまたよろしくね」

おかえり、麻衣香ちゃん。みんな、あなたの帰りを待っていたよ。京子はその場で立ち上がり、にっこり笑顔で目の前に立つ色白の女の子を見つめた。麻衣香は少々きまり悪そうにしている。

「あの…いろいろとご迷惑をおかけしました」

とんでもない。私こそ、仕事を放棄してフロアを突然飛び出してみんなに迷惑かけたし。あなたはあなたらしく、今日からまたよろしくね。京子は優しい眼差しを送る。

まもなく清美が、千早が、ルミオペのメンバーが出社してきた。いつもは機械的に発している朝の挨拶。今日は違う。皆、麻衣香の存在に気がつくと顔を明るくして手を振ったり、「あ、麻衣香ちゃん！　よかった！」と歓声をあげたり。それだけ麻衣香はみんなに愛されているのだ。始業チャイムと同時に駆け込んだ拓郎も「おっ」と声を上げた。

さあ、いつものメンバーが揃ったぞ。あ、都築課長を除いてね。

朝会を始める。京子は開口一番、メンバーに向って深々と頭を下げた。

「皆さんに、お願いがあります。5歳の女の子の命を…どうか一緒に助けてください！」

どよめきが起こる。京子はすべてを話した。二葉和浩が通信販売部に問い合わせをしてきたことを。妻あゆみが使っていた化粧品が何かを知りたがっていることを。そのあゆみは、今年の2月に事故で亡くなっていることを。一人娘のひなたが心臓に重い病気を抱えていることを。そして、京子が昨夜、5歳のひなたと交わした約束のことを。

皆、黙ってしまった。

「皆さんの知恵を貸してください。二葉あゆみさんが使っていた化粧品はいったい何なのか？　ひなたちゃんがお母さんを感じる商品は何だったのか？　私ひとりではそれを探し当てることができないんです。私を…いえ、かわいいひなたちゃんを助けてください！」

さっきよりも深く京子はお辞儀をした。会議室は厳粛な空気に包まれる。

「その…何か、手がかりになるようなものはないのかしら？」

数秒の沈黙を千早が破った。京子はうんと大きく頷くと、メンバーに背を向けマーカーを手に取った。「キラキラ」…ホワイトボードのど真ん中に大きな文字で書いた。

「キラキラ⁉」

「そう。キラキラです。ひなたちゃんは、『ママはキラキラってするお化粧品を使っていた』そして、それはとてもいい匂いがしたって言っています。キラキラがキーワードです」

「キラキラ…ねぇ」

そこで朝会の終了時刻になった。続きは夕会でということになった。

「皆さん、どんな小さなことでもいいです。気がついたことがあったら教えてください」

京子は大声で、自席に戻るメンバーを見送った。

夕会までに自分なりにアタリをつけよう。そう思った京子は、過去5年分の商品カタログを引っ張り出した。とにかく「キラキラ」がつく商品を片っ端からピックアップしてみよう。その中にどれかアタリがあるかもしれない。京子は藁をもすがる思いでページをめくる。1月にあゆみが買っていた「きらきら春色ルージュ」。これは、ハズレだった。他にも「きらきら潤肌ファンデーション」「キラキラふわりフェイスパウダー」「きらりビューティーマスカラ」など、キラキラ関連だけで20近くの商品を見つけた。色のバリエーションも含めると30を越える。いったいウチの会社はどれだけお客様をキラキラさせたいのだろう？

果たしてこの中に正解があるのだろうか？　自信がない。そして夕会の時間になった。

夕刻の会議室。空を覆っていた薄雲はどこか遠くに行ってしまい、西日が眩しく部屋に差し込んでいた。麻衣香はせっせとブラインドを降ろして夕会の開始に備える。京子はホワイトボードに、ついいましがた調べ終えた「キラキラ」商品の名前を連ねた。

「以上が、私が調べた過去5年分の『キラキラ』商品です。でも、この中にアタリがある自信がありません」

なぜなら、二葉あゆみの購入履歴に、これらの商品の名前はなかったからだ。

「受注管理システムで調べてヒットしなかったってなると、このうちのどれかを使っていた可能性は低そうね…」

清美が顔をしかめる。やはり望み薄か…。わかってはいるものの、ほかに手がかりがない以上、探す術が思いつかない。

「通信販売で買った商品とは限らないわよね。ルミパルショップで買った可能性は？」

ホワイトボードを眺めながら、千早が聞いた。

「この20の中には店舗販売のみのものも含まれています。ひとまず、この商品を全部かき集めて二葉家にお持ちしてみようかしら…」

手当たり次第だがやってみるしかない。

「そもそも、本当にウチから買った商品なのかしら？　他社の商品ってことは…」

千早がつぶやく。それを言われてしまうと元も子もない。

「あの、わたし、思ったんですけれど…」

麻衣香が会話に割り込んだ。右手を高く挙げて、発言する意志を示している。

「『キラキラ』って…ひょっとして商品名のことじゃないんじゃないでしょうか？　ひなたちゃんってまだ5歳なんですよね？　もしかしたらお母さんの思い出の品と最初に出会ったのは4歳、いや、もっと小さかったかもしれない」

何が言いたいのだろうか？　京子は首を傾げる。すぐさま麻衣香は補足する。

「ええと、何が言いたいかっていいますと、つまり商品を名前で意識していたのかなってなるほど。その視点はなかった。麻衣香は続ける。

「わたしも、自分の祖母が使っていた化粧品ってすごく思い出深いんです。祖母は毎晩、寝る前に一緒に布団に入って頭をなでてくれましたから。そのときの香りとか、手の光具合とかすごく印象に残っています。でも商品の名前は出てこないですね。そもそも名前なんて意識していなかった。ただ、お祖母ちゃんの手って、クリームでスベスベだったなとか、甘い匂いがしていたなとか、そういうイメージしかないです」

「へぇ～、麻衣香ちゃんてお祖母ちゃん子だったのね！」

千早が茶化す。麻衣香は少しはにかんで頬を染めた。

なるほど、確かに相手は小さな子どもだ。名前なんて意識していないかもしれない。むしろ、見た目や匂いなどがキーかもしれないな。ひなたは『いい匂いがした』とも言っていた。名前にひっぱられてはいけないのかもしれない。

「京子さん、1つ提案です。あゆみさんが実際に購入したことのある商品に絞って、『キラキラ』な見た目で『いい匂い』がしそうな商品を探してみませんか？」

確かにその方が絞り込みやすいし、答えにより近づけそうな気もする。

時計の針は5時30分を回ろうとしていた。まもなく定時だ。京子はルミオペの2名を席に返した。拓郎も便乗して（?）、席にとことこと戻っていく。相変わらず薄情なヤツだ。清美と千早は「今日は大丈夫だから」と言って残る意志を示した。復帰したばかりの麻衣香も、「たっぷり充電したので大丈夫ですよ」と言ってその場に残った。

「皆さん、麻衣香ちゃんの提案に沿って二葉あゆみさんが購入した商品の中からアタリをつけましょう」

皆、大きくウンと首を縦に振った。麻衣香が受注管理システムの画面を叩き、あゆみが過去に購入した商品名を紙に印刷する。その紙を持って、清美が階下の配送センターに走る。在庫の商品をもらってくるためだ。

「二葉あゆみ、二葉あゆみ、二葉、二葉…」千早はホワイトボードを見つめたままブツブツとつぶやいていた。何かを考えているようだ。

清美が10ばかりの商品を抱えて戻ってきた。皆で一つひとつ手にとって眺めてみる。ところが…、どれも白色や透明のものばかりでキラキラな感じがしない。パッケージも至ってシンプルだ。匂いはというと、これまた無香料に近いものばかりで個性的なものはひとつもない。そもそも、あゆみの購入履歴を見ていると割と地味な商品が多く、あゆみ自身がキラキラ系を好む感じがしないのだ。考えてみれば、あの真面目な二葉の奥さんだ。家の雰囲気からも、あゆみが派手好きな女性である印象を受けない。また、振り出しに戻ってしまったか…。

ガクッと肩を落とす京子と清美と麻衣香。しかし、次の瞬間。

「思い出した！」

じっと考え込んでいた千早が、唐突に声を上げた。

「ひなたちゃんのお母さんとの思い出の品…もしかしたら商品じゃないかもしれないわよ」

商品じゃない？

「それって、やっぱりウチの商品じゃないってことですかね…だとすると、もうトホホでしかないいんですけど…」

京子は泣きそうな顔で千早を見た。千早は人差し指をチッチッと左右に揺らしてノー、ノーのポーズをする。

「違う違う。特典よ、と・く・て・ん」

「特典⁉」

千早はおもむろにホワイトボードの前に立った。

「キャンペーンの無料特典よ」

そうか。そのセンがあったか！　麻衣香も清美もおおっと声を上げる。特典は販売商品ではないので、受注管理システムに商品名を登録することはない。対象のお客様に特典を送付するときは、受注時にシステムの備考欄に「要特典送付」と記入し、配送センターに特典を同梱する指示をするだけだ。

「でね、私、二葉あゆみさんに特典をお送りしたのを思い出したの。去年の5月ごろだったと思う…」

これは重要な手がかりだ。京子は前のめりになる。

「でも、受注管理システムの履歴を見ると、二葉あゆみさんに特典を送付した履歴は残っていないですよ」

麻衣香はノートパソコンで受注管理システムを閲覧して答えた。

「あ…麻衣香ちゃん。そのことなんだけどね。実は、二葉あゆみさんは特典の対象者じゃなかったのよ」

「?？　じゃあ何で千早さんはあゆみさんに特典を送ったんですか？」

「まあ、その…直前に二葉あゆみさんからいただいた注文の商品の送り間違いをしちゃって。それで、お詫びにってことで特典をこそっと送っちゃったの…ごめんなさい」

なるほど。そういうことだったのね！　まさかオペレーションミスにこんな形で助けられるとは…。京子は複雑な気持ちになった。あれ、でも千早さんはこれまでもオペレーションミスなんて慣れっこなハズなのに、なんで二葉あゆみさんの一件だけ克明に覚えているのかしら？

「二葉って変わった苗字だったから。それに…」

突然、口をすぼめる千早。皆、興味津々の目で千早を見る。

「こ、高校のときに憧れていた先輩も『あゆみ』って名前だったから覚えているの…。かっこよかったんだから！」

恥ずかしそうに顔を赤らめる千早。確か千早さんは女子高の出身だったはず。京子は彼女の意外な一面を見た気がして、なんだか嬉しくなった。

「ただ1つ問題があるの。二葉あゆみさんにどんな特典をお送りしたかまでは覚えていないのよ。清美さん、去年の5月ごろ送っていた特典がなんだったかってわかる？」

いつものトーンに戻って清美に話を振る。清美はうーんと考えた後、「覚えていないわ」と頭を横に振った。特典の商品名は受注管理システムを調べてもわからない。麻衣香は「ルミオぺさんにも聞いてみます！」と会議室を飛び出した。結果は空振りだった。

こうなりゃ、過去の書類をひっくり返して調べるしかないか？　国内マーケティング部に聞いてみるか？　あれこれアイデアを出しているとき、今度は清美が口を開いた。

「京子ちゃん。私ね、京子ちゃんが異動してきてくれて本当によかったって感謝しているんですよ」

唐突に何を言い出すのだろう。あ、あ、ありがとうございます。うろたえる京子。構わず清美は淡々と続ける。

「京子ちゃんの出身部署ってどこだったかしらね？」

「こ、購買部ですけれど…」

何をいまさら。

「購買部で何を買っていたのかしら？」

「ええと、販促品…あ、そうか！」

清美はうふふと笑みを浮かべている。

「特典って販促品よね。京子ちゃんの前の同僚に聞いてみたらどうかしら？　実際に、特典を買っていた担当者に聞けば早いわよね。もしかしたら、在庫やサンプル品も持っているかもしれないし」

清美さんナイス！　さすが、社歴が長いだけある…とは口には出さないけれど。

京子はすぐさま購買部のフロアに向った。絶対に、ぜったいに今日中にひなたちゃんの思い出の品を見つけるんだ。ひなたちゃんとの約束を守るんだ。本館の階段を駆け上がりながら、心の中で繰り返した。

解説

ナレッジ管理

個人が得た業務上の知識・ノウハウ・トラブル対応の仕方などを、運営者全員で共有～活用するための管理プロセス。

ナレッジ管理とは

ナレッジ管理の目的は、業務を運営する個人個人が持っている知識やノウハウを共有し、参照～活用できるようにすることです。

属人化を防ぎ、課題解決のスピードや質を高め、業務品質をより良くするために重要な取り組みです。ITILではナレッジデータベースを作ることを強調していますが、それ以上に個人が日々の業務の中で知識やノウハウを披露しあい、交換しあい、活用しあうコミュニケーションのきっかけや場を作って回すことこそが大事です(ものがたりで京子が運営している「朝会」「夕会」も、ナレッジ管理の取り組みの1つです)。

ナレッジ管理のポイント2つ

ナレッジ管理を行う上で大事なポイントは2つです。1つ目はナレッジデータベースの作成と活用、2つ目は「場」の創造です。

❶ナレッジデータベースの作成と活用

ナレッジデータベースとは、知識を蓄積しておくための「箱」です。データベースといっても仰々しい高価なシステムを構築する必要はなく、インシデント管理や問題管理同様にエクセルのシートでもまったく問題ないでしょう。

ただし、せっかくデータベースを作っても、使われなくなって形骸化・陳腐化してしまうこともあります。いかにデータベースにナレッジを登録してもらうようにするか、活用してもらうようにするか工夫が必要です。

ナレッジデータベースの登録件数や有益度を測

◉ナレッジ管理

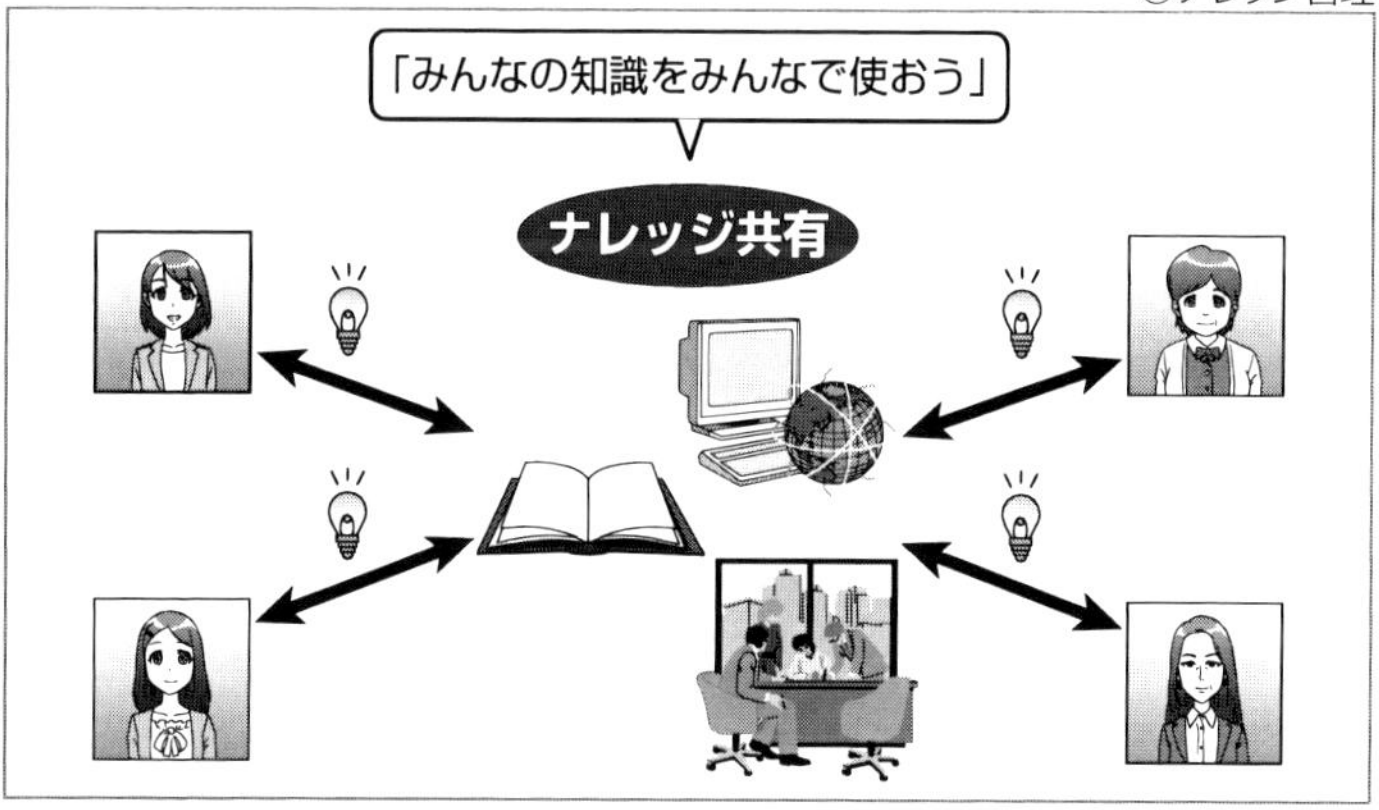

り、登録した個人の業績評価につなげることでナレッジを登録するモチベーションを高めている企業もあります。また、後述の「場」において提供されたナレッジを「ナレッジ担当者」がデータベースに記録するケースもあります。

❷「場」の創造

個人の知識を表出させ流通を促すためには「場」の創造もキーです。メンバーがどんな知識やノウハウを持っているのかを知るためのコミュニケーションの場、それを交換し合う事例発表会やイベントなど。

なお、企業のオフィスでは次のような「場」の創造の取り組みが見られます。

- **コミュニケーションコーナー・リラグゼーションエリアなどの設置（ソファや飲み物コーナー、お菓子コーナーなどを設けて）**

⇓従業員同士が出会い、カジュアルな雰囲気でお互いを知るための「場」

- **フリーアドレス（固定席の撤廃）化**

⇓職場の「タコツボ化」を防ぎ、毎日異なる人と知識を交流させるための「場」

- **勉強会・事例発表会の実施、定例会（朝会、夕会など）での知識共有**

⇓個人の知識やノウハウを、組織の知識にするための「場」

●社内SNS

⇒個人の知識やノウハウを、インターネット（イントラネット）を使って共有するための「場」

「場」の創出は、そこで働くメンバー同士の偶然の出会いや必然の出会いを誘発する取り組みです。それにより、人と人とがお互いの知識や技術・得意分野を知り、いざと言うときに助け合い、結果として仕事への愛着や誇り、組織と人への愛着が醸成されるようになります。ナレッジ管理は、組織と働く人をイキイキさせるための仕組みでもあるのです。

◉「場」の創造の取り組み

- オープンオフィス
- コミュニケーションがうまれるきっかけ（お菓子コーナー、コーヒーサーバなど）
- 事例発表会、定例会などでの知識共有

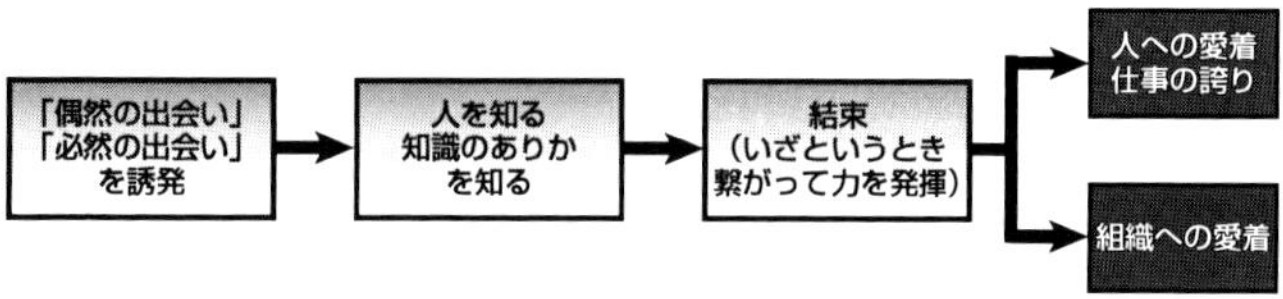

第10章　京子、本当の改善の意味を知る

「お久しぶりです！」

京子は古巣のドアを開けて、元気良く挨拶した。2カ月前と何ら変わらない光景。でもどこか違和感がある。すでによそ者になってしまったんだな、京子はそう感じた。定時はとっくに過ぎているものの、幸いまだちらほらと人影があった。月末で忙しいのだろう。

「あ、京子ちゃん、お久しぶり！　どうしたのこんな時間に？　購買部の誰かと飲みの約束でもしているの？」

エプロン姿の小柄な中年女性がちょこちょこと駆け寄ってきた。購買部・販促品チームの本網《ほんあみ》やよいだ。京子のかつての職場の先輩で、2年前に一緒に購買部の業務プロセス改善を進めた同志でもある。

「違うんですよ、やよいさん！　実は折り入って相談があって…」

京子は手短に事情を話した。

「去年の5月ごろ、通信販売向けに買った特典ねぇ…。あ、あれじゃないかしら？　ちょっと待っててね…」

やよいは近くの書類棚の戸を開けて、キングファイルを取り出しぱらぱらとめくりだした。

販促品のパンフレットや仕様書を管理しているファイルだ。

「これこれ。去年の5月っていったら、きっとこのハンドソープね」

Ａ４の紙に印刷したカラーの仕様書。そこには「天使のハンドソープ」ってタイトルとともに、何枚かの商品写真がプリントされていた。ダイヤモンドのような形をした小瓶、その上に羽の生えた白い天使のキャップが載っている。透明なブルーの小瓶はその独特な形状のせいもあって、見る角度によってキラキラと光って見えそうだ。ひなたちゃんの言う「キラキラ」はこれかもしれない。そう思った。

「もともと通信販売のお客さんに配る無料特典用に購入したんだけれど、瓶がかわいらしいって評判でね。それを聞きつけた国内マーケティング部もルミパルショップのイベントのプレゼント用に使ったりもしているわよ」

確かに、ウチの商品にしてはセンスがいい。人気があるのも頷ける。

「やよいさん。これって在庫残ってませんか？」

「ううん。どうだろう。生産終了品だからなぁ。ちょっと前までは配送センターや物流センターに在庫があったんだけれど、国内マーケティング部がちょこちょこお得意さんに配るのに使っていたから、もうないかもしれない」

京子はがくっとうなだれた。せっかく商品名まで特定できたのに、モノがないのではどうしようもない。

「あ、でももしかしたらウチ（購買部）の倉庫にサンプル品があったかもしれないわ」

やよいは明るい声で、壁の向こうを指差した。購買部の倉庫はこの居室のすぐ隣にある。

「やよいさん…倉庫を探させてもらってもいいですか？」

必死に訴える京子。その眼差しに気圧されたやよいは、ノーとは言えなかった。

「まあ、本当は部外者を倉庫に入れるのはよくないのだろうけれど、京子ちゃんだから信じるわ。どうぞ入ってらっしゃい！」

「ありがとうございます！」

やよいから手渡された鍵を握り締めて、京子は購買部の居室を飛び出した。どうか見つかりますように。お願い！

倉庫の古びたドアノブに手をかける。重い鉄の扉がギギギと悲鳴をあげた。京子は埃にむせながら、明かりのスイッチを探してオンにした。たくさんの段ボール箱が無造作に積まれている。倉庫というより、物置と表現したほうが適切かもしれない。

購買部にいた当時は狭い倉庫だと思っていたが、いざここで小物を探すとなるととてつもなく巨大な空間に感じる。さてと、どこから手をつけるか。あまりの箱の多さに、冷静に処理しようとすると気が滅入ってしまう。こういうときは、何も考えずにひたすら体を動かすのみ。京子はそばにあった軍手をはめて、近くの箱から開け始めた。

「ない、ない、ここにもない…」

額からにじみ出た汗が頬を伝う。空調設備のない暗い倉庫。扉を開け放ち、廊下から少しでも涼しい空気が入るようにはしてみたものの、その蒸し暑さは相当なものだ。

「あ、京子さんここにいたんですね！」

聞き慣れた声に、屈んだままの姿勢で振り返る。麻衣香が立っていた。なかなか戻ってこない京子を心配して様子を見に来たようだ。

「わたしも手伝います！」

麻衣香は京子の横にしゃがみ、未開封の段ボール箱に手をつけようとした。

「ありがとう。すごく助かる！　この『天使のハンドソープ』ってのを探してちょうだい」

軍手をはめたままの手で、京子はくしゃくしゃになったA4の紙の写真を指さす。

「承知しました！」

2人はダンボールの箱を、一つ、一つ、また一つ開けて中身を確認した。ハズレ、ハズレ、またハズレ…。ひじで汗を拭きながらひたすら箱を開け続ける。すっかり誇りまみれになったスカートの裾をあげて、また次の箱に取り掛かる。

「お待たせ。こういうのは大勢でやったほうが早いわよ」

入口に気配を感じる。千早が駆けつけてくれた。京子と麻衣香の後ろに立ち、全体をひと眺めした。

「こうしましょう。私は、開封確認済みの箱にマジックで印をつけて端によける作業に撤するわ。そのほうが効率いいでしょ」

軽やかに提案する千早。さすが千早さん。そのやり方で進めましょう…と返そうと思ったら、携帯電話を取り出して通話を始めた。

「もしもし、清美さん。あのね、例の特典の名前がわかったの。『天使のハンドソープ』。そうそう、あの変わったパッケージのやつよ。覚えてる？　で、清美さんは配送センターに在庫がないか確認しにいってもらってもいい？　よろしくね」

どうやら清美もまだ残ってくれているようだ。みんなで手分けして探せば、なんとかなる。絶対に。京子は仲間を信頼した。

「じゃ、作業再開！」

千早の号令で、２人は再び箱のフタに手をかける。

「私たちもお手伝いします」

そこにルミオペの２名が加わった。心強い。総勢４名が箱を開け、千早が開封確認の印をつけて確認済みの箱を脇に積む。その単純作業をただひたすら繰り返す。狭くて薄暗くて、そして蒸し暑い購買部の倉庫。そんな空間に、不思議な一体感が生まれていた。

あきらめない。絶対にあきらめないんだから。京子は心の中でつぶやいた。まるでお経でも唱えるように。

「あきらめないいんだから。絶対にあきらめないいんだから」

無意識のうちに声に出していた。

「そうですよ。あきらめちゃダメです！」

隣の麻衣香がささやく。手は動かしたまま、びっしょりと汗をかきながら。

「うちのお祖母ちゃんだってあきらめなかったんです。実家のうどん屋がつぶれそうになったとき、陰で一家を支えてくれた。いつも笑顔で『大丈夫だよ』って私の額を、スベスベした手でなでてくれた」

この箱もハズレだ、この箱でもない…。5人は手を休めることなく作業を続ける。

「そのお祖母ちゃんの悩みや不安を受け止めてくれたのは、道子さんだったんです。ただじっと電話口で受け止めてくれていたんです」

そうか。麻衣香は道子が亡くなったお祖母さんを支えていたって知っていたんだ。

「つぶれかかった実家を助けてくれた。お祖母ちゃんを支えてくれた。そんなルミパルが大好きだから…今度はルミパルの役に立ちたいから、わたしあきらめません」

ほんわかした声。しかし、京子はその言葉に麻衣香の芯の強さを感じた。

「そして、自分を信じてくれる先輩がいるから、受け止めてくれる仲間がいるから、わたし、頑張ろうって決めました」

麻衣香ちゃん…。あなたって子は、本当にしっかりとした信念を持ってこの会社に入社したんだね。汗と埃にまみれた麻衣香がとても輝いて見えた。

感傷にひたってばかりもいられない。京子はさらに奥に詰まれた箱に手を伸ばした。ええい、作業の邪魔だ！　京子は履いていたヒールを勢い良く床に脱ぎ捨てる。ひざを床にくっつけて、這うような姿勢で箱を抱きかかえる。気がつけばストッキングが伝線していた。もう、そんなこと気にしていられない。とにかく夢中でダンボールの箱を開け続けた。

「これが最後の箱…なのよね」

一同、最後の望みに期待を寄せる。京子は恐る恐るその箱を開けて、中身を一つひとつ取り出した。だめだ、なかった…。5人全員が何度も箱の中を確認したが無駄だった。大きなため息をつき、がくっとうなだれる。

「いったん、オフィスに戻りましょ…」

やよいに鍵を返し、購買部のフロアを後にした。

埃だらけの汗まみれ。皆、一様に暗い表情で肩を落としてぞろぞろと歩く。まるでゾンビのような集団が通信販売部のフロアに戻ってきた。

「どうだった」「ううん。ダメ、そっちは？」「こっちにもなかった」「そう…」

千早と清美はそんな短い会話を交わした。配送センターにもなかったか…。

フロアには拓郎が1人、いつものようにパソコンを無言で見つめていた。

「お疲れ様でーす。で、お目当てのモノは見つかりましたか？　『天使のハンドソープ』でしたっけ？」

涼しい顔をして、涼しい場所に座っている。いい気なもんだわ。京子は憤りを感じた。

「この様子を見てわからないの？　で、拓郎くんあなたはいったい何をしていたのかしら？用がないなら、とっとと帰る！」

怒りをすぐ目先の巨体にぶつける。どうせまた戦隊モノか美少女アニメのサイトでも眺めていたんでしょう。彼のモニターを覗き込む。いや、今日は違う。見慣れないシステムの画面が表示されている。在庫管理システム、何それ？

「あ、これですか？　本社、工場、配送センターや物流センターの商品在庫を確認するためのシステムですよ。取り置きしたい在庫を見つけた場合、その場で予約もできちゃう優れたシステムなんですねぇ、これが」

へえ。それはそれは。で、なんであなたがそんなシステムの利用権限持っているのよ。

「僕、昔、情シスの同期に頼んでこっそりアカウントを発行してもらって、いまでもこうやってアクセスできるんですよね」

拓郎は得意げに語る。それがどうしたっていうの？　いまの状況の解決の足しにならないし、私たち通信販売部の仕事にも関係ないじゃない。仕事していないなら、早く帰ってよ。

「鈍いなぁ、主任。僕、こいつを覗いていて見つけちゃったんですよ。ほらここに…」

太い指で画面をさす拓郎。京子はその先を目で追った。なんとそこには、「天使のハンドソープ」の文字が。その横に「朝霞《あさか》物流センター」、さらにその先の在庫欄ってところに「1」って数字が表示されている。ん…⁉　これって、ひょっとして、ひょっとすると…。

「朝霞の物流センターに1個だけ残っていますよ。のんびりしていると他部署に押さえられちゃうか、破棄されちゃうかもしれないですねぇ。で、どうします？　この最後の1個、押さえますか？　押さえませんか？　指示をください、主任！」

拓郎はキーボードのエンターキーに右手の人差し指を軽く乗せてぶらぶらさせている。でかした、拓郎くん‼

「拓郎くん…それ、確保して‼」

京子は叫ぶと同時に拓郎の前に手を伸ばし、指でエンターキーを力いっぱい押した。「在庫予約が完了しました」のメッセージが画面に点滅する。

よくやったよ、拓郎くん！　もうあんたって人は…いつも遊んでばかりの残念な人だと思っていたけれど。とても、とってもカッコイイよ！　このときばかりは、太った顔に張りつくモミアゲと汗が素敵だった。もう少しイイ男だったら、危うく抱きしめていたかもしれない。

「皆さん聞いてください。『天使のハンドソープ』、ただいま無事確保しました！」

京子は両手を振り上げて絶叫した。

「やったー！」

フロアに歓声が沸き起こる。みんな抱き合って喜び合った。清美も、千早も、麻衣香も、ルミオペの仲間たちも。京子は目の前のずんぐりむっくりした男の肩をパシっと叩いた。お疲れ、拓郎くん。ありがとう、チームのみんな。

さて、歓喜もほどほどに。せっかく確保した天使のハンドソープ、これから取りに行かなくては。今日を逃すと土日の2日間のタイムロスを生む。なんとか今夜中に手に入れておきたい。時間は夜の7時を過ぎたところ。京子はすぐに朝霞の物流センターの担当者に電話をした。遅番シフトのメンバーが9時までならいるとのことで、それまでに来れば手渡し可能とのことだった。ここから朝霞なら1時間もあれば行けるだろう。京子は取りに行くので待っててくださいと伝えて電話を切った。ところが…。

「あちゃあ。主任、JRとまっちゃってますよ。つい今しがた落雷が発生したそうです。山手線も、湘南新宿も、埼京りんかいラインも全滅だなこりゃ。東急も動いていません…」

そのとき、外から強い雨音が聞こえはじめた。穏やかだった空が豹変。鉄砲玉のような雨粒を屋根や地面を乱暴に打ちつける。おお、またもや困難が…。でもここまで来たんだ。そうやすやすとは諦められない。なんとしてでも今日天使を手に入れる！

「ほかに手段はないかしら？　羽田から飛行機でどっかに飛んで戻ってくるとか」

「無茶苦茶いいますな…。ええと、車しかないでしょうね。五反田から首都高中央環状線と5号線を使えば、多少混んだところで1時間半もあれば着くとは思いますけど…」

車か…とはいえルミパル本社には社有車がない。ひとっ走り自宅に帰って自分の車を取ってくるしかないかな。あ、でも家に戻る電車が止まっているんだっけ。京子が頭を悩ませているそのとき。

「おお。遅くまでお疲れさん。そろそろ帰りなよ〜。フライデーナイトだしさ〜」

都築が帰ってきた。なんだかご機嫌な様子だ。キーホルダーのようなものをチャラチャラ回しながら、鼻歌交じりでデスクに向ってくる。あれ、それってひょっとして…。

「あれ、都築さん。今日は車なんですか?」

「そうなんだよ。車で来ちゃった。これから千葉の君津まで行くんだ。大学時代の友達と前泊して、明日は朝からゴルフ。そういうわけで、俺もう帰るから」

ほほう。それはそれは…。京子はニヤっとした。都築は自分の机の上に無造作にキーホルダーを放り出し、ホワイトボードのところにいって自分の予定欄の文字を消している。

「つ・づ・き・さん♪」

京子が背後から忍び寄る。

「あのー、君津に行く前に、ちょこっとだけ、ほんのちょこっとだけ埼玉方面に寄り道する気ありません?」

「何言っているんだよ。ムリムリ。今夜はホテルでパーッと宴会やって、温泉に浸かる予定なんだから。埼玉って、君津とまったく反対方向じゃないか。勘弁してよ」

「そこを何とか！　ちょびっと、朝霞の物流センターに寄ってくれるだけでいいんです」

指でちょびっとのジェスチャーをする京子。都築は背を向けて取り合おうとしない。

「ねえ、麻衣香ちゃん。都築さんの車でドライブしたいよね！」

「はい。夜のドライブ楽しみです！　3人で行きましょう」

ウキウキする女子社員たち。その2人をよそに「じゃ、俺帰るから」といって立ち去ろうとしたそのとき、京子は都築の斜め前に回りこんだ。

「課長～。たしか、私有車での無断出勤って服務規程違反ですよね～。バレたらマズいんじゃないですかぁ？　でも、朝霞まで行ってくれれば、人事に黙っててあげてもいいですよ」

目を細めてニタっとする京子。

「あ、友ちゃん！　キミ、上司をゆするつもり!?　冗談じゃない。俺は帰るぞ。じゃ、お疲れ様。あ、あれ…鍵、鍵は、どこ？」

都築は慌てて机の上を、次に引き出しを開けてキョロキョロする。

「鍵はここですよー。京子さん、先に助手席に乗って待ってますね♪　わーい」

いつの間にか扉の前に立っていた麻衣香。右手でキーホルダーをゆらゆらさせている。そのまま階段を駆け下りていった。

「ああ！　なんで、そんなところに…。お、おい、ちょっと…」

動揺する都築。振り返って顔をしかめる。

「俺のゴルフの予定はどうするんだよ？」

「大丈夫ですよ。都築さんのナイスショットは逃げていきませんから」

「なんだよ、それ！　意味がわからない」

声を上げる都築。しかし、ようやく観念したのか麻衣香の後を追って駐車場に向う。

「じゃ、いってきますね〜！」

京子は扉の向こうからのけぞりながら、バイバイとオフィスの仲間に手を振る。

「いってらっしゃい。頼んだわよー！」

清美と千早のエールに見送られ、3人は朝霞へと旅立った。

＊＊＊

7月最後の土曜日。昨日の雷雨はまるで幻だったかのように、東京の空は朝から晴れ渡っていた。昨夜遅くに朝霞の物流センターで「天使のハンドソープ」を手に入れた京子。その場で二葉に電話し、翌朝届ける旨を伝えた。二葉は喜んで承諾してくれた。

「あれ、都築さん。ゴルフに行かなくていいんですか？　こんなに天気いいのに！」

町工場が立ち並ぶ細道を歩く2人。今日は土曜日だからか、機械の音や金属を打つ音が聞こえてこない。

「しゃあないからキャンセルしたよ。責任者の俺が同席しないわけにはいかないだろう…」

都築は京子の後をとぼとぼついていく。二葉の住まいが見えてきた。

すっかり通い慣れた二葉家の客間。でも今日はなんだか緊張する。いつもの和室の正面に、二葉と二葉の母とそのひざの上にひなたが座っている。

「どうぞ」

京子は手提げ袋から青い小箱を取りだして開けた。中には白い天使の形のキャップがついた、ダイヤモンド型の小瓶が入っている。

「昨年5月に私どもが奥様、あゆみさんにお送りした『天使のハンドソープ』です。おそらく、これがひなたちゃんが探していたお母さんとの思い出の品ではないかと…」

「ひなた、手にとって見てみなさい」

二葉にせかされ、ひなたは箱から瓶をそうっと取り出そうとする。落として割ってしまわないか心配だ。

天使の小瓶は、ひなたの小さな手に導かれて卓の上に置かれた。薄いブルーの小瓶は蛍光灯の光を受けて、キラキラと輝いている。ひなたはその瓶を、いろいろな角度から覗き込んで見つめている。しばらくして、ひなたはくるりと振り向き二葉の顔を見た。

「パパ、ここにはママはいないよ。これ、キラキラじゃない…」

駄目だったか…。最後の頼みの綱だった天使、残念ながら京子たちの味方をしてくれなかったようだ。ごめんなさい、ひなたちゃん。ごめんなさい、通信販売部のみんな…。京子はうつむいた。

「本当にそうかい？　もう一度、よーく見てみなさい。それに、お姉さんたち、ひなたのためにここまでして探してくれたんだ。少しは…」

わが娘を一生懸命諭そうとする二葉。親の心子知らずで、ひなたは膨れっ面をしている。

ごめんなさい、二葉さん。私はあなたの力になれませんでした。

「ところで、この瓶ってどうやってフタを開けるの？　僕もいままで見たことなくてさ。ちょっと開けてみてよ」

場の空気を変えようとしたのか、都築が急に口を開いた。

そんなの簡単ですよ。この天使の足元のところを捻れば…あれ、開かない。どうやら特殊な構造をしているようだ。こういう複雑な作りの販促品って原価を上げるのよね。京子は購買部門出身らしい疑問を抱きながら、接合部分を何度も捻ってみた。駄目だ。

「あ、もしかしたら、ここじゃないですか。この羽根のところ」

向かいの二葉が、２つの羽根の片方のつけねのところを指さした。確かに、この部分にかすかなスキマが見える。そうか、この羽根を回して開けるのかもしれない。

「ひなたちゃん、この羽根捻ってみて」

京子は小瓶を差し出した。卓に身を乗り出して、瓶を手に取るひなた。言われたとおり、羽根の先をつかんでくるくると回す。すると羽根がパカッと取れた。なるほど、この羽根がキャップになっていたのね。星の形をした穴がポツリポツリと3つ空いている。中からソープの液体が顔を覗かせた。無香料に近く、匂いはほとんどしない。そのときだ。

「あ、キラキラだ！　お星様キラキラ」

ひなたが声を上げた。瓶をつかんだままフタの部分を覗いている。え、これがキラキラ⁉

ひなたはゆっくりと、いとおしそうに顔を近づけ優しくつぶやいた。

「…ママだ。ママが帰ってきてくれたよ」

ひなたは静かに目を閉じた。そして、小さな小瓶に頬を寄せた。そのままじっとしている。どうやら、心の中でお星様になった母親と会話をしているようだった。4人の大人たちはその様子をただただ黙って見守った。

そうだったのね。キラキラって、瓶の輝きじゃなくてフタの部分の穴の形のことを言っていたんだ！　お星様キラキラ…京子の頭にそんな一節が思い浮かんだ。きっと、あゆみがこのハンドソープのフタを開けるたび、ひなたは覗き込んで「お星様キラキラ」ってはしゃいでいたのだろう。京子はそんな幸せな光景を思い浮かべた。

「きょうこおねえちゃん」

ひなたは目をゆっくり開けた。そしてじっと京子を見た。

「なあに？」

「わたしね。ひなたね、ママみたいにキラキラで優しい大人になりたい」

5歳の女の子とは思えない、しおらしい表情で訴える。

「…そう」

「ねえ、おねえちゃん。ひなた、大きくなったらママみたいにキラキラで優しい人になれるかな？」

ひなたは、さっきよりも強い眼差しで京子を見た。

「うん、きっとなれる。絶対なれるっておねえちゃん信じてる。だから、頑張って…頑張って大きくなろう！」

「じゃあ、約束ね。ひなた、頑張ってママみたいな大人になーる！」

京子は涙をこらえ笑顔を作った。そして目の前に差し出された小指に自分の小指を絡ませた。見つめるひなたの瞳。その小さな瞳には大きな決心が表れていた。京子はその小さな体を強く、強く抱きしめた。

いつも冷静な二葉とその母親の目にもうっすらと涙が浮かんでいる。「本当にありがとうございます。ありがとうございます」と何度も礼を言いながら頭を下げた。

さあ、帰りましょうかと言いかけて横を向くと、あれ、都築さんの目がうるうるしている。ふーん、ちゃらぽらんに見えて、都築さんも涙もろいところあるんですね。京子は自分の上司を見直した。

こうして2人は二葉家を後にした。

大田区矢口南。東京の郊外の河原の、工場と住居が肩を並べる町。この静かな町でも、喜びも悲しみも生まれ、人と人との出会いそして別れがあり、多くの物語が生まれている。そして、それはいつの間にか忘れさられていくであろう。その儚い営みの中で、私たちが扱っている商品と一人の人とが出会い、やがて人と人との出会いとドラマに変わっていく。それは果たして数字なんかで測って管理できるものなのだろうか？

「友ちゃん。俺たちの仕事って何なんだろうね」

半歩前を歩く都築がぼそっと問いかけた。

「化粧品を売る…でも、ただそれだけだったら機械でもできますよね」

京子は思ったままを答えた。多摩川の木々の緑が一層濃く見える。昨日の雨が潤いを与えたのか。あるいは瞳の潤いがそうさせているのか。

「そうだよな。いまの時代、電話でいちいち対応って古臭いし効率も悪いかもしれない。でも、きっとそれって意味のあることなんだよ。俺たちはただの物売りじゃない。それ以上の価値を提供しているんだ」

私たちの価値ってなんだろう。その答えを出せるよう、その価値を最大限に高められるよう私はもっともっと色々なことを体験して、知識に変えて、そしてチームを強くしていかなければならないんだな。でも自分ひとりで体験できることには限りがある。だから、仲間の体験を自分の…いえ、チームの体験や知識にしていかなければならない。

「人の価値…これからも考えていきたい。ねえ、友ちゃん」

都築はそこで大きく伸びをした。多摩川の河原の小道。変わらぬのどかな景色が広がっている。トンビが一羽、青い空に大きな弧を描いて飛んでいるのが見えた。

「そういえば、ゴルフは行かなくてよかったんですか?」

京子は聞いてみた。上司のプライベートを強引に乱したこと、ちょっぴり反省している。

「まあゴルフはいつだってできるさ。それに…」

一呼吸おいて、都築は振り返った。

「俺のナイスショットは逃げていかない…そうだろ?」

「はい!」

2人は笑いあってハイタッチをした。土曜の昼下がりの河川敷の広場。そこには、いつものように無邪気に遊ぶ子どもたちの声が高らかに響き渡っていた。

エピローグ　ある日届いた一通の手紙

うだるような暑さの日々も過ぎ、空も町もすっかり秋の装いに変わっていた。気がつけば9月ももう後半。京子が通信販売部に来て4カ月が経とうとしていた。そんなさなか、穏やかな通信販売部に激震が走るニュースが入った。

「当社通信販売事業の拡大について」

こんな見出しの記事がイントラネットに大きく掲載されていた。

「え、何ですかこれ。何にも聞いていないですけど？」

目を丸くして都築に迫る京子。

「あれ、言わなかったっけ？　先週の経営会議で決まったみたいでね…」

聞いていません。というか、今週の部内の週次会議、都築さん二日酔いで休んでたじゃありませんか。京子はイントラネットのニュース記事に目を戻す。

記事にはこうある。EC大手、RAPCOM（ラプコム）との業務提携により、当社は従来の電話でのオペレータによる対応を軸にインターネットなどより広範囲のメディアを使ったEC事業に進出する。これにより店舗、電話（オペレータ）、インターネットを融合させた新たなサービス展開も目論む。10月1日付で、唐崎副社長をオーナーとするプロジェクトチームが編成され、運営組織の体制検討が行われる。

「なんだか、すごいことになりそうですね…」

京子は率直な感想を言葉にした。

「ああ。唐崎さん、ここへ来て一気に攻めの姿勢を見せてきた感じだな。いままでみたいにのんびりしていられなくなりそうだぞ」

いいえ、私はのんびりしていませんでしたけど…。京子はそう言いかけて止めた。

最後に副社長のコメントが載っていた。そこには「これまで培った電話での通信販売のノウハウをフルに生かし」とある。

「これまで培ったノウハウって何なんですかね？　相当ボロボロな部門だったわけですけれど、生かせるものなんてあるのかしら？」

苦笑いしながら、京子がつぶやく。

「それを掘り起こして、仕組みとして育てていくのが友ちゃんの役割！」

またまた、さらっと重たいことを言い放つんだから。京子は目を細めた。

通信販売部の業務管理方法は基本的に変えていない。サービスレベルの測定と目標管理も、インシデント管理も、問題管理も徹底しているし、朝会と夕会も毎日実施している。

唯一、二葉氏の一件があってから目標管理の仕方を少し変えた。電話対応時間の目標時間

5分を撤廃したのだ。メンバーが時間を気にするあまり、お客さんとの会話がおろそかになったり、焦るがゆえのオペレーションミスを防ぐためだ。お客さんとの丁寧な会話、そこから得られる信頼こそがルミパル通信販売部の価値だからだ。

ただし、対応時間の測定は継続することにした。各メンバー、ストップウォッチを持って対応時間を測り記録している。目標時間の設定はやめたとはいえ、業務効率はきちんと測って改善していかなければならない。また、あまりにも対応時間がかかっている案件については、「どこか問題があるのではないか？」「何か助けられることはないか？」などを発見してチームで解決できるようにするためだ。メンバーを縛るための数字ではなく、メンバーを助けるためのアラートとしての数字に意味づけを変えたのだ。以来、メンバーは毎日イキイキと電話対応をしている。

測定できないものは、改善できない。そうだよ、改善するための測定なんだよ。みんなで助け合ってより良くするために数字が必要なんだよね。京子はそう実感している。

メンバー同士の知恵を共有するため、夕会の時間での事例発表会も週イチで始めた。「困った要望への対応事例」「クレーマーの対処方法」「話が長いお客さんとの通話をどううまく切り上げるか」「苦情を感謝に変えた事例」などなど、いままで各メンバーが職人技で対応していた知識や技を披露してもらう意図だ。

インシデント管理簿に記録することも重要だが、当事者に生の声で語ってもらうことで個人の知恵や技術をチームメンバーにより効果的に分け与えることができる。

千早は「今日すっごい変なお客さんから電話あったから、次の発表会楽しみにしていてね！」とウズウズしているほどだ。

＊＊＊

そんなある日のこと。

1通の手紙が届いた。珍しく朝イチで出社した都築から、封筒を手渡される。

「ほら、友ちゃん。あなたのファンから手紙だよ」

薄紫色の封筒を裏返すと、そこには二葉和浩の住所と名前が手書きされていた。そういえば、ひなたちゃんはあの後どうなったんだろう？　京子はずっと気になっていた。ドキドキしながら封を破き、きれいに畳まれていた便箋を開いた。

『拝啓　秋冷の候、皆様ますますご清栄のこととお喜び申し上げます。

皆様のご協力のおかげで、娘ひなたは予定どおり8月29日に心臓の手術を受けました。天使のハンドソープ、ひなたは手術の直前まで握り締め、ずっと眺めておりました。「ママが一緒だから大丈夫」そう言って、亡き妻あゆみのぬくもりを感じて自分を勇気づけていたようです。おかげさまで手術はうまくいき、術後しばらくは食欲がなかったものの、いまでは外で元気に遊べるまで回復いたしました。来年は小学校1年生。先日ランドセルを買い、私も母も進学のときを楽しみにしております。

この度は本当にありがとうございました。一利用者の声に対して真摯に耳を傾け、大切な娘の命を救ってくださったこと、感謝してもし尽くせません。妻を失ってしまったいま、ひなたは私の希望であり喜びです。皆様は娘の命の恩人であり、私の生きる希望をつないでくださった恩人です。ルミパルの皆様のお力添え、そして何より友原さんの仕事に対する情熱と行動力、お客さんを思いやる気持ちに心を打たれました。私も一社会人として、仕事に対する姿勢を見直し、情熱を持ってこれからの人生を歩んでいこう。そう思いを新たにいたしました。これからも、どうか世の中に感動を与え続け、人に希望をもたらすルミパルさんであってください。

末筆ながら、都築様、友原様をはじめとする御社の皆様の益々のご発展をお祈りいたします。本当にありがとうございました。

二葉　和浩

追伸

ひなたが描いた絵を同封いたしました。

「京子お姉ちゃんにお手紙を書くんだ」と言って聞かなかったもので。どうか見てやってください。』


よかった。ひなたちゃん、元気になったんだ。本当によかった…。きっと、お母さんのような素敵な大人になれるよ。京子は、封筒と手紙をぎゅっと胸に抱きしめた。そして、手紙に添えられていたひなたの絵を開いた。

「わぁ…嬉しい！」

そこには、ひなたを中心に父・和浩と母・あゆみ、祖母が、そして、その横に京子と都築らしき人物の姿があった。真ん中に「きょうこおねえちゃん、ありがとう」って大きく書かれている。

一生懸命描くてくれたんだね。京子は窓の外に目をやった。イチョウの葉が静かに風にそよいでいる。

「都築さんもここにいますよ、ほら」

京子は上席の課長に、ひなたの絵を見せる。

「あ、本当だ。もう少し痩せた感じで描いてほしかったなぁ…」

その絵を見たとたん、都築は二児の父親の顔になった。図々しいことを言っているが、その表情はとても嬉しそうだ。

「皆さん、二葉ひなたちゃんのお父さんから手紙をいただきました。読んでください」

京子は手紙を回覧した。どれどれ、とメンバーがこぞってきた。「やったね！」「私たち、命の恩人ですって！」皆、口々に喜び合った。

この仕事に出会えて、このメンバーに出会えて本当によかった。時々突っ走っちゃう未熟な新米主任だけれど、そんな自分を支えてくれる仲間がいる。上司がいる。このチームに必要のない人なんて1人もいない。京子は誇らしい気持ちでフロアと仲間たちを見つめた。

そのまま朝会の時間になった。全員、会議室に集合する。いつもどおり、インシデント管理簿の読み合わせと残インシデントの確認からだ。

「はいっ！　インシデント番号２７０番、二葉和浩様からのお問い合わせはそろそろクローズしませんか？」

京子は手を挙げて提案した。二葉氏の探しものは見つかったし、ひなたちゃんの手術もうまくいったし。こんなに嬉しい手紙もいただいたし、そろそろ閉じてもいいだろう。

『インシデント番号：２７０　分類：問い合わせ　お客様氏名：二葉 和浩（40歳）　件名：1月に購入した化粧品について。』

京子の提案に反論する者はいなかった。

「では峰森さん。インシデント２７０番クローズお願いします！」

「はい。２７０番、クローズします」

華奢な体つきの男性が答える。9月から職場復帰した、峰森課長代理。インシデント管理を京子に代わってやってもらうことになった。峰森は手元のノートパソコンをカタカタといじり、スクリーンにインシデント管理簿を映し出した。２７０番の行がグレーに網掛けされ、ステータスが「４・クローズ」に変更される。メンバーから大きな拍手が起こった。こうしてまたひとつ、物語が幕を閉じた。

あ、そうだ。そういえばこのインシデントに関連して1つだけ疑問に思ってたことがある。

「とってもいいにおいがする」ひなたは母あゆみとの思い出の品をこう表現していた。しかし、天使のハンドソープはほとんど匂いがしない。その点だけが腑に落ちない。

「それは、きっとお母さんの匂いだったんじゃないでしょうか」

麻衣香が語る。そうか、いい匂いっていうのはハンドソープの匂いじゃなくて、あゆみ本人が発していたものだったのかもしれない。

世界でたったひとつだけのママの優しい匂い……。

そして、今日もまた通信販売部のフロアに電話のベルがにぎやかに鳴り響く。

＊＊＊

――大井さん、こんにちは。インドでの生活はいかがですか？　飲み過ぎてお腹壊しているんじゃないですか？　きっと大井さんのことだから、インドだろうが南極だろうが何があってもマイペースにこなしていることでしょう。

日曜日の夜。アパートの一室。京子は自分の机の上に水玉模様の便箋を広げ、ペンを走らせていた。夏に秩父の北欧雑貨屋さんで買ったあのレターセットだ。

――この前の一時帰国のときは、ゆっくりお話しできなくて残念でした。まさか、あんなところでばったり会えるなんてビックリしましたよ。恥ずかしいところを見せちゃいましたケド(どうか忘れてください!)、私の悩みを聞いてくれて本当に感謝しています。あれから、すぐ秩父に飛んでいき、大切な部下の麻衣香ちゃんに戻ってきてもらうことができました。他のメンバーにも頭を下げ、大きなインシデントを解決することもできました。

その後に二葉一家との一件を綴った。白いマグカップの紅茶を一口する。温かい紅茶が心地よい。外から聞こえてくるのはコオロギの合唱。きっと、あっという間に冬になっちゃうんだろうな。

――とまあ色々とトラブルだらけでなかなか大変だったんですが(苦笑)、いまではチームの連帯感も生まれ、皆、個性を生かして活躍しています。

京子は机に頬杖をついて、メンバー一人ひとりの顔を思い浮かべた。

――課長の都築さんは、通信販売部の自席に居てくれるようになりました。この間の通信販売事業拡大のニュース(大井さんもイントラのニュースを見て知っていますよね?)を受けて、これからは力を入れないとなって気合が入っています。課長代理の峰森さんも職場復帰し、部内のインシデントや問題の統制管理をしてくれています。清美さんと千早さんは、持ち前の対話能力を生かしてお客さんの信頼を得つつ、面倒くさいクレーマーを鮮やかにさばいてくれています。2人ともオペレーションミスや対応忘れが多かったのですが、インシデント管理をきちんと回している効果があってチームでフォローできるようになりました。麻衣香ちゃんもそんなベテラン2名について電話対応のスキルをメキメキと上げつつ、色々な改善提案をしてくれています。

あ、忘れちゃいけない人物がもう1人いた。京子はにんまりしてペンを走らせる。

――それから、問題社員だった拓郎くん(「オタクの拓」です)。彼は受注管理システム改善プロジェクトのメンバーとして、情報システム部と通信販売部とを行き来して頑張っています。受注管理システムにインシデント管理機能を盛り込むのも大きなテーマです。いままで、情シスは弱小通信販売部に見向きもしてくれなかったらしいですけれど(ひどいです!)、通信販売事業拡大の話があってからは態度が変わりようやく重い腰を上げてくれました。

あ、この表現ちょっと嫌味っぽいかしら? 一応、大井さんも情報システム部の人だしな。

ま、いいや。

――私は、拓郎くんと一緒にシステムプロジェクトに入って毎日打ち合わせに参加していま す。知っての通り、私はシステムの話はチンプンカンプンなんですけれど、拓郎くんに頼り ながらなんとかしのいでいます(苦笑)。

いまだにＩＴの技術や用語がチンプンカンプンなのよね。

――大井さんの言うとおり、私ずっとひとりで悩みすぎていたんですね。上司やメンバーに 心を開いて、頼って、任せればよかったんだ。ひとりで何もかもできるわけじゃないのに、自 分で抱えようとしていた。そして、一人ひとり、個性も強みも違うのに、みんなに同じことを 求めようとしていた。がんじがらめのルールを作って、数字で縛ろうとしていた。

京子は顔を上げて、窓辺に飾った小さなサボテンをぼーっと見つめた。ここ4カ月の出来 事を思い返す。

――なんでもかんでもがんじがらめに縛ればいいんじゃない。私たちは機械じゃないのだから。個人の強みや持ち味を認めて生かしつつ、目的意識や問題意識を全員で共有して、チームとして同じ方向を目指す。メンバー同士で支えあってチームの価値を高める。業務プロセスを作る、業務を改善するってそのために必要なんじゃないかって、いま思っています（ええ、私ちょっとは成長しましたでしょうか？）。

「お前も偉くなったな」そんな大井の呆れ顔が浮かぶ。ええ、なんとでも言ってください！

――10月から始まる、通信販売事業拡大の体制検討プロジェクトチームに私も参加してくれと都築さんに言われています。いよいよＥＣも始めるそうです。ＲＡＰＣＯＭの人たちとこれからの業務プロセスを検討することになるみたいですし、これからダイナミックな改善をしないといけないことでしょう（ひぃぃ）。自分たちの価値は何か、そこで働く人の価値は何かを忘れず、見失わず、お客さんも働く人も輝けるようなそんなチームをつくっていきたい。そう思います。

あ、そうそう。最後に一言。

――次に帰国するときは、前もって連絡くださいね（河原でバッタリはナシですよっ！）。そして、今度はゆっくりとご飯食べましょう！　では、そのときを楽しみに。お体（飲み過ぎ）に気をつけて頑張ってください。

――新米主任　友原 京子より

＊＊＊

海の向こうの先輩へのメッセージをしたためた京子。便箋を封筒に入れると、引き出しからいつもの手帳を取り出して開いた。かつて大井に教えてもらった業務改善のノウハウが詰まった1冊。いまでも日曜日の夜にぱらぱらめくって、復習と予習をしている。その手帳は、6月に通信販売部に着任したときよりも一層ボロボロになっていた。京子はその表紙をいとおしく見つめ、バッグのポケットにそっとしまった。

あとがき　～多様化する世の中で必要なもの～

にわかに多様化が進んできています。

企業には外国人管理職や従業員が増え、海外の企業と仕事をする機会も増えてきました。女性の採用や管理職登用も積極的に行われてきています。M&Aや業務提携により、まったく違う会社の人たちが上司・部下・同僚になるケースも珍しくありません。定年延長や再雇用制度で、20代の若手社員と60代後半のシニアスタッフが同じ職場で肩を並べて一緒に働くシーンも目にします。

働き方そのものも多様化してきました。ちょうど私が本書を執筆している時期、「ユニクロ」を展開するファーストリテイリング社が「週休3日制」の導入を発表して世間を騒がせました。ワークスタイル変革の文字が巷を賑わし、自宅で働く「テレワーク」制度などの柔軟な勤務体系も緩やかながら浸透し始めています。働き方もいよいよ多様化してくることでしょう。

国籍、性別、企業文化、世代、さらには働き方までもがかつては考えられなかったくらい多種多様になってきました。

一方、個人が担う役割も増えています。介護や育児などの任務をこなしつつ、誰もが働かなければならない時代。いわば、個人にのしかかる責任も多様です。そんな時代にあって、いかに日々の仕事を効率良く回すかを考えて実践しなければ、複数の役割りを果たすのは厳しいでしょう。いままでと同じ仕事のやり方では、組織も自分自身もやがて疲弊してしまいます。

多様性に富んだ世の中…裏を返せば同質性が失われつつあるということです。かつてのように同質の人たちが集まって皆、同じ働き方をしている職場であれば、「あうんの呼吸」の意思疎通が成り立ったでしょう。しかし多様化が進む組織においては、コミュニケーションの問題もいままで以上に複雑になり、ちょっとした意識や感覚のズレがミスやトラブルを生み、時には「ハラスメント」と扱われて、たちどころにメンバー間の信頼関係とチームの一体感が崩れてしまいます。

そんな多様かつ繊細な時代において、私たちはどうすればよいのでしょう？　どうやって業務の質を上げて、どうやって組織を強くしていけばよいのでしょう？

一人ひとりのコミュニケーション能力やマネジメント能力を高めればよい？

もちろんそれも重要ですが、どんなに個人の能力が上がってもそれは所詮、属人的な資質。能力の高い個人がいなくなった瞬間、その組織の業務が回らなくなった、組織が弱くなった…そんな悲しいケースは少なくありません。

私は個人の能力強化よりも、むしろ組織の仕事のやり方、すなわち業務プロセス強化のほうが重要なのではないかと常々思っています。

業務プロセスとは、いわばその組織における「共通言語」です。

海外のビジネスパーソンと仕事をする上で、ちょうど英語のような共通言語が必要なように、いま私たちに必要なのはそんな業務上の共通言語なのではないでしょうか。

ものがたりの中で、主任である友原京子はそれまでとはまったく異なる部署＝通信販売部に異動になりました。年齢も能力も仕事に対する意識までもがズレたバラバラなメンバーを、ITTLという業務管理・改善のマネジメントフレームワーク（管理手法）を使って1つにまとめます。京子は、通信販売部に「共通言語」を作ったのです。それにより、通信販売部はメンバーが個性を発揮しつつ、いざというときに助け合える強い組織に生まれ変わったのです。

「組織にマネジメントフレームワークを適用する」「業務プロセスを整備する」なんて聞くと、私たちはどうも身構えてしまいがちです。何だか自分たちをガチガチに管理しようとしているのではないか？　機械のように振舞うことを強要されるのではないか？

しかし、私はそうは思いません(京子はそっちに走りそうになりましたが)。

良質なマネジメントフレームワークは、個人の多様性や能力を生かしつつ組織の力を高めます。きちんとした路盤やレールを作ることで、新幹線が(たとえ形式が異なっていても)高性能かつ安定して走ることができるように、きちんとしたマネジメントフレームワークに沿って仕事のやり方を整えれば、個人は高い能力を発揮し続けることができるのです。多様化が進むこれからの時代において、しっかりとしたマネジメントフレームワークを使って仕事のやり方の礎を固めることは大変重要なのです。

これからは、同じ社内の、同じ国籍の、性別も同じ、働き方も一緒、価値観も一緒のメンバーだけで働く機会はどんどん少なくなっていくでしょう。多様があたりまえになりつつあります。それを「バラバラ」な状態で空中分解させてしまうのか? 多様な強みを生かした「ワンチーム」として成長させるのか? その鍵は、業務プロセス改善にあると信じています。いままでの仕事のやり方を見直してみてください。定義→管理→測定→改善の旅に出てみてください。それが、私たちが変化の時代において人間らしくありつづけるための第一歩だと信じています。

一緒に頑張りましょう！　明るい日と書く明日の私たち、そして尊い次世代のために…。

本書の執筆にあたり、多くの方にご協力をいただきました。
ものがたりの舞台のひとつ、秩父市に勤務するK・Mさんと秩父市の皆さま、著者の大学時代からの貴重な友人である浅川綾子さん、私の前職NTTデータの同僚でITサービスマネジメントの専門家である蔵岡正剛さん、JBSテクノロジーの小関陽介さん、この場をお借りして御礼申し上げます。

２０１５年晩秋

沢渡　あまね

紹介

あまね　1975年生まれ。あまねキャリア工房 代表。株式会社なないろのはな取締役。株式会社NOKIOO顧問。

業務改善・オフィスコミュニケーション改善士。IT運用エバンジェリスト。日産自動車、NTTデータなど（情報システム部門、ネットワークソリューション事業部門、広報部門ほか）を経て2014年秋より現業。

ITサービスマネジメントや業務プロセス改善の講演・執筆・業務支援などを行っている。NTTデータでは、ITサービスマネージャとして社内外のサービスデスクやヘルプデスクの立ち上げ・運用・改善やビジネスプロセスアウトソーシングも手がける。ITざっくばらん会in磐田 #ITzakkubaranIWATA 主宰。#インフラ勉強会 で登壇。趣味はダムめぐり。

■主な著書
『新人ガール　ITIL使って業務プロセス改善します！』（シーアンドアール研究所）
『新入社員と学ぶ オフィスの情報セキュリティ入門』（シーアンドアール研究所）
『ドラクエに学ぶチームマネジメント』（シーアンドアール研究所）
『運用☆ちゃんと学ぶシステム運用の基本』（シーアンドアール研究所）
『職場の問題地図』（技術評論社）
『システムの問題地図』（技術評論社）
『職場の問題かるた』（技術評論社）
『チームの生産性をあげる。』（ダイヤモンド社）

■主な連載
『IT職場あるある』（日経 xTECH）

■あまねキャリア工房
http://amane-career.com/

■Twitter
@amane_sawatari

■E-mail
info@amane-career.com

編集担当：吉成明久　　カバーデザイン：秋田勘助（オフィス・エドモント）
カバー・登場人物イラスト：tomohiro hatasaki

新米主任　ITIL使ってチーム改善します！

2015年12月 1日　第1刷発行
2020年 2月25日　第3刷発行

著　者　沢渡あまね
発行者　池田武人
発行所　株式会社　シーアンドアール研究所
新潟県新潟市北区西名目所4083-6（〒950-3122）
電話　025-259-4293　FAX　025-258-2801
印刷所　株式会社　ルナテック

ISBN978-4-86354-189-4　C0034